이희수 교수의 세계 도시 견문록

마음이 머무는 도시 그 매혹의 이야기

문화 도시

이희수 교수의 세계 도시 견문록

마음이 머무는 도시 그 매혹의 이야기

문화 도시

바다출판사

도시, 그 매혹의 이야기

서울의 중앙청이 일제의 상징인 조선총독부 건물이라 하여 헐리던 것
을 지켜본 이듬해, 나는 이탈리아의 문화도시 밀라노에 있었다. 그때
는 두오모 광장 한 켠에서 밀라노 대성당을 바라보며 경탄에 마지않던
순간이었다. 하늘로 치솟은 135개의 현란한 고딕 첨탑이 자랑하는 외
관의 화려함이나 레오나르도 다 빈치의 작품인 실내의 스테인드글라
스가 품어 내는 극사실주의적인 성스러움에 넋을 잃을 지경이었다.
그도 그럴 것이 밀라노 두오모는 1386년에 비스콘티 공작의 뜻으로
건축이 시작되어, 19세기 초에 이르러 나폴레옹에 의해 완성되었다고
한다. 400년이 넘는 장구한 세월 동안 시대의 정신을 담고 역사와 문화
의 변화를 고스란히 담은 작품이자 당대 예술의 결산이라 할 만했다.
피렌체의 산타 마리아 델 피오레 두오모에서도 같은 느낌을 받았다.
1294년부터 건축되기 시작한 대성당 두오모는 150년이 지난 1434년
에 이르러 브루넬레스키에 의해 중앙의 쿠폴라가 올라가고 19세기까
지도 계속 건축이 이어졌다. 시대를 대표하는 최고의 예술가들이 500

년 이상 자신의 기량을 마음껏 두오모에 쏟아부었으니 그 아름다움과 장대함을 어찌 말로 다할 수 있겠는가!

도시들의 이런 면면을 둘러보노라면 '문화란 결국 사람의 향기다.' 라는 생각을 다시금 하게 된다. 문화의 힘은 보통의 일을 대를 이어 지속하는 노력과 지혜의 축적에서 나오는 게 아닐까 싶다. 당대에 모든 것을 이루고 자신의 공을 서둘러 드러내려 조급해하지 않는 진정한 문화정신이 살아 있는 도시들. 그래서 그런 도시들이 오랫동안 마음에 남을 수밖에 없는 건 아닐까?

보고 싶고 가고 싶은 익히 알려진 도시는 많지만, 마음이 머무는 도시는 그렇게 흔치 않다. 그래서 이 책에서는 오랜 시간 숱한 여행 중에 특히 마음이 머물렀던 도시들만 골라 보니 지역별로 열여섯 곳이 되었다. 이 모든 도시에는 숨겨진 사연들이 있게 마련이다. 골목 이름에도, 성당 종탑이나 모스크 첨탑에도, 심지어 그곳 사람들이 즐겨먹는 음식에도 풍부한 스토리가 스며 있다. 그들에게는 익숙한 일상이겠지만 잠깐 스쳐 지나가는 이방인이 그 속살을 들여다보기란 여간 어렵지 않다. 어차피 여행이란 보는 대로 느끼는 것이기에 중세의 웅장한 건물보다는 역사와 문화를 고스란히 싸안고 떠들썩하게 움직이는 공간이 더 좋아서 그런 곳을 찾아다닌다. 시장과 전통 공연장, 오랜 역사의 무게 때문에 결코 빠를 수 없는 골목에서의 느린 움직임들…… 그런 여행지에서 만나는 사람들의 삶과 그 속에 깃든 정신은 또 얼마나 멋진지! 특히 '내일 할 일은 철저히 내일로 미루자!' 며 언제든지 여유와 미소로 손님을 맞는 아랍 사람들의 인샬라 정신이 좋다. 어차피 삶이란 3분의 1은 잠자고, 3분의 1은 휴식이란 명목으로 웃고 마시고 떠들고, 그리고 3분의 1은 먹고사는 일에 매달리는 것 아닌가. 그래서 지금 이 순간만큼은 여러분에게도 내 마음이 머물렀던 특별한 도시를 소개하며 휴식을 권하고 싶다.

사색하면서 창조적인 아이디어를 얻고 싶을 때는 포르투갈 북부도시 포르투가 좋다. 해리포터의 작가 조앤 롤링이 그랬던 것처럼. 모든 일상을 던져 버리고 그저 즐기고 휴양하기에는 스페인의 지중해 섬인 팔마 데 마요르카 만한 곳도 없을 성 싶다. 지중해 해변에서 휴식을 만끽하면서도 가끔은 역사적인 호기심이 치솟는다면 터키의 안탈리아로 가 보라. 로마 최고의 극장 아스펜도스나 산타클로스의 주인공인 성 니콜라스 주교의 교회가 1시간 남짓한 거리에 기다리고 있다. 뜨거운 사막에 꽃핀 문학정신을 호흡하고 싶다면 까뮈 소설의 무대가 되었던 알제로 달려가면 후회가 없을 것이다. 아메리칸 인디언들의 삶이나 아름다운 정원 속에서 태평양의 정취를 마음껏 느껴 보고 싶은 여행자에

6

게는 인근에 빅토리아 아일랜드가 기다리는 캐나다의 밴쿠버를 추천하고 싶다.

여기에 실린 문화도시들은 빠르지 않은 도시들이다. 그리고 풍성한 스토리를 가진 도시들이다. 그래서 사람들을 끌어당기는 매력적인 도시들이기도 하다. 때로는 지치고 힘들어 새로운 기운을 얻기를 바라거나 잃어버린 자신을 찾아 떠나려는 여행자에게 어울리는 도시들이다. 혼자서도 좋고 좋은 분들과 함께여도 좋으니 기회가 되면 떠나 보시길 권한다.

2009년 2월
저자 이 희 수

7

차례

중세 시대의 포르투갈은 유럽의 '대항해 시대'를 연 주인공이었다. 포르투갈 인들은 바다 너머 새로운 땅을 찾아 무수한 항해를 거듭했고, 마침내 아메리카와 아프리카 대륙에까지 닿았다. 이런 옛 해양 대국 포르투갈의 전통과 역사를 고스란히 담고 있는 도시가 바로 포르투이다. 포르투갈 상공업의 중심지이자 제2의 도시인 포르투는 민족 국가로서의 포르투갈의 발상지요, 가장 포르투갈다운 도시다. 포르투갈 북부를 가로질러 흐르는 도루 강을 사이에 두고 북쪽은 '포르투', 남쪽은 '칼레'라 불렸는데, 이것이 합쳐져 포르투갈이라는 국명이 되었을 만큼 이 나라에서 포르투가 차지하는 의미는 상당하다.

포르투갈
포르투 Porto

포르투갈을 잉태한 세계 문화유산의 도시

전통과 역사가 살아 숨 쉬는 도시, 포르투

포르투갈이라는 나라가 시작된 곳이자, 가장 포르투갈다운 도시, 포르투. 포르투갈 제2의 도시이자 상공업 중심지인 포르투는 수도 리스본에서 특급 열차 알파Alfa로 약 세 시간 거리에 있다. 대서양 해안을 따라 북쪽으로 달려가는 열차 안, 창밖으로 목가적이고 전통적인 모습이 펼쳐진다 싶었는데 어느덧 도루 강을 따라 비탈이 심한 일곱 개의 구릉과 언덕이 나타났다. 그리고 저 멀리 언덕 위에 넓게 펼쳐진 도시, 포르투의 모습이 보였다.

　포르투는 오랜 역사와 전통이 잘 살아 있을 뿐 아니라, 포르투갈인의 삶의 체취가 그윽하게 배어 있는 도시다. 포르투갈은 원래 로마의 영토였지만, 6세기경 서고트 족에게 점령당했다가 8세기부터 이

포르투 전경

슬람 세력의 지배를 받았다.

지브롤터 해협을 넘어 몰아친 이슬람의 거센 파고가 단숨에 에스파냐 남부 안달루시아 지방을 삼키고 포르투갈을 이슬람화했던 것이다. 무어 인이라 불리는 이슬람 세력은 거의 5세기 동안 포르투갈을 지배했다.

10세기부터 시작된, 이슬람 세력을 몰아내기 위한 저항 운동의 중심에는 항상 포르투가 있었다. 그 뒤 11세기에는 프랑스 귀족 포르투 칼렌세 백작이 이슬람 세력으로부터 포르투를 되찾아 자신의 영지로 삼았다. 이곳에 포도 모종을 들여와, 지금도 유명한 포트와인[1]을 생산하기 시작한 사람도 바로 그였다.

15세기 말 유럽의 대항해 시대가 열리자, 포르투는 대서양 개척 시대를 연 전초 기지로서 다시 한 번 세계 역사에 그 이름을 떨쳤다. 서아프리카 항로를 개척한 것으로 잘 알려진 엔리케Henrique O Navegador, 1394~1460 왕자 등 많은 이들이 이곳에서 저 망망한 대해를 향해 돛을 올렸다.

---

1. 발효 중에 브랜디를 첨가하여 알코올 농도를 높인, 단맛 나는 포도주

아줄레주 블루 타일이 반기는 중세 마법의 도시

도루 강이 내려다보이는 17세기 상 프란시스쿠Igreja de Sao Francisco 고딕 성당 앞에 섰다. 포르투에서도 손꼽히는 바로크 건축물이다. 아름다운 장미 문양이 새겨진 현란한 창문과 꽈배기처럼 꼬아 올린 기둥이 바로크의 전형적인 분위기를 자아낸다. 여백을 허용하지 않는 꽉 찬 화려한 장식과 휘황찬란한 돌출 문양을 특징으로 하는 바로크는 인본주의의 절정을 이루는 예술 양식이다.

성당 안으로 들어가 보니 실내는 더욱 찬란했다. 천정과 벽면, 기둥 할 것 없이 금박을 입힌 온갖 무늬의 조각들이 새겨져 있었다. 예수상과 성인상도 모두 금박이었다. 순금만 400킬로그램이 들었다고 하니 종교적 열정과 사치가 극에 이른 느낌이었다. 예배당에 묘사해 놓은 '제세의 나무'라 이름 붙여진 기독교의 계보도는 특히 압권이었다.

상 프란시스쿠 성당을 나오면 황해 왕 엔리케의 동상이 하늘을 찌를 듯 서 있는 작은 광장이 기다린다. 원래 수도원 자리였던 이곳에

상 프란시스쿠 성당

15

바로크 건축의 특징을 잘 보여 주는 상 프란시스쿠 성당 입구

는, 최근까지 증권 거래소로 사용되던 불사 궁전Palácio da Bolsa이 들어서 있다. 지금은 박물관으로 꾸며져 있는 2층에는, 법정과 연회장 등이 그 당시의 모습 그대로 남아 있다.

불사 궁전에서 가장 유명한 곳은 바로 '아랍의 방'이다. 기하학적 문양이 새겨진 바닥을 딛고 선 홀 안은, 천장부터 벽면까지 온통 아라베스크[2] 무늬의 타일로 장식되어 있고, 모든 창이 스테인드글라스로 꾸며져 있어 색채의 극치를 느끼게 했다. 아마도 오랫동안 포르투갈을 지배했던 아랍 문화의 영향인 듯 싶었다. 이 방을 만드는 데는 18년이라는 긴 세월이 걸렸다고 한다. 그 말을 들으니, 그 당시 세상을 호령했던 포르투갈의 경제력이 얼마나 강했는지 실감할 수 있었다.

불사 궁전을 구경한 뒤 시내 여기저기를 돌아다녔다. 정적이고 조용한 시내는 마법의 중세 도시 그대로였다. 군데군데 자리 잡은 색바랜 성당들, 저마다의 색감을 지닌 채 은은함을 자랑하는 아줄레주Azulejo라는 독특한 청색 타일이 고색창연한 도시 분위기를 돋우는 것 같았다. 이슬람 세계의 모스크 건축이나 궁전 벽면에서 흔히 보던 청색 타일의 변형된 형태였다.

---

2. 아라비아에서 시작된 장식 무늬, 기하학적인 직선 무늬나 덩굴무늬 등을 교묘하게 배열한 것으로, 사원 벽의 장식이나 공예품 따위에 많이 쓰인다.

포르투갈의 아줄레주는 이웃 에스파냐 그라나다에 있는 알함브라 궁전의 청색 타일에 매료된 마누엘 1세Manuel I, 1469~1521가 자신의 왕궁을 청색 타일로 장식하면서 시작되었다. 아줄레주에는 파란색을 중심으로 노란색, 초록색, 다갈색의 네 가지 색이 사용되는데, 포르투 사람들은 이를 이용해 독특한 푸른 색감을 창조해 냈다. 16세기 이후, 아줄레주는 폭발적인 인기를 끌면서 포르투의 주요 산업으로 자리 잡았다. 아줄레주를 만들기 위해서는 장방형 점토판에 밑그림을 그린 뒤, 그 위에 유약을 발라 여러 차례 구워 내야 한다. 겨울철에는 건조 기간만 5개월이 걸릴 정도로 정성과 인내가 필요한 작업이라 한다.

〈해리 포터〉의 무대가 된 도시

포르투 거리를 걷다 보면, 수백 년이나 된 호수인 아졸레 호를 만나게 된다. 아졸레 호가 뿜어내는 은은하고 낡은 빛은 우리에게 정감을

도시 곳곳에서 만날 수 있는 아줄레주 청색 타일로 장식된 건물

더하고, 오래된 건물 처마 밑에 앉아 있다 힘차게 날갯짓하는 비둘기들은 감춰진 긴긴 전설을 전하는 듯했다.

포르투와 친해지고 싶어 동 루이스 1세 다리 밑에서부터 강변길을 따라 무작정 걷기로 했다. 포르투의 상징인 동 루이스 1세 다리는 하나의 아치에 두 개 층의 철교가 연결되어 있는, 높이 70미터의 우아하고 현대적인 건축물이다. 1886년에 완성되었다고는 믿기지 않을 정도로 실용적이며 세련된 이 다리를 이용해, 아직도 많은 차량과 사람들이 자유롭게 왕래하고 있었다.

동 루이스 1세 다리 밑에는 운치 있는 레스토랑과 카페들이 줄지어 늘어서 있는 리베이라 거리Cais da Ribeira가 위치해 있다. 좁은 골목 사이로는 묘한 음식 냄새가 풍겨 나오고, 강변 절벽에 한 치의 빈틈도 없이 다닥다닥 붙어 있는 6~7층 아파트에서 내뿜는 저녁연기가 강변에 자욱이 내려앉고 있었다.

포르투 토속 음식을 맛보고 싶어 길 옆의 깔끔한 레스토랑에 자리를 잡았다. 도루 강에는 갈매기가 떼 지어 날고 있었다. 누군가가 이곳은 고기 내장 음식이 유명하다고 해서 트리파스를 주문해 보았다.

도루 강 전경. 멀리 보이는 다리가 동 루이스 1세 다리다.

트리파스란 내장과 흰 강낭콩을 푹 삶아 양념과 함께 버무려 먹는 음식인데, 담백하면서도 구수한 맛이 우리 입맛에도 맞았다. 일만 열심히 하는 포르투 사람들답게 맛있는 고기 부위는 모두 팔고 자신들은 정작 값싼 내장만을 먹게 되면서 개발한 요리라 한다. 그래서인지 아직도 포르투 사람들을 비아냥거릴 때는 '내장을 먹는 사람들_{트리페이루}'이라는 표현을 쓴다고 한다.

세계적인 포트와인의 산지

리베이라 거리를 돌아 언덕을 올라가 동 루이스 1세 다리 위에 섰다. 맞은편 빌라 노바 데 가이아_{Vila Nova de Gaia} 쪽으로 건너가기 위해서였다. 바로 이곳에 에피타이저 와인으로 유명한 포트와인 공장들이 집결해 있다.

일찍이 17세기부터 스페인에 대항하기 위해 영국 기업들이 이곳에 진출해 와인 산업을 발전시켰다고 한다. 도루 강을 끼고 북쪽의

800여 개의 포도 농장에서 생산되는 가볍고 산뜻한 와인 맛 때문에 포르투는 유럽인들에게는 더욱 매력적인 도시다.

뜨거운 여름 햇볕에 달구어진 포도를 9~10월에 수확한 뒤 포도통에서 충분히 숙성시킨 후 다음 해 3월에 도루 강을 따라 포르투로 운반한다고 한다. 지금도 포도 운반용 범선인 라벨로가 떠다니는 도루 강을 따라 오십여 개의 포도주 공장이 늘어서 있었다.

이번에는 포르투를 짧은 시간에 골고루 느껴 보기 위해 도루 강가로 나와 유람선을 탔다. 황혼이 깔리는 도루 강은 기가 막히다. 갈매기가 날고 요트와 고깃배가 서로 앞서거니 뒤서거니 하면서 고된 일과를 마무리하기에 바쁘다. 좁은 강 양쪽의 초라하고 순박한 삶이 절벽과 벽면에 묻어난다. 검은 세월의 띠를 두르고 현대식 다리에 걸쳐진 가옥들은 '현존하는 과거'라는 포르투갈의 삶을 잘 반영하고 있다. 붉은색, 베이지색, 회색으로 된 건물들이 울타리도 없이 나란히 도루 강을 바라보며, 나직이 흐르는 물결을 따라 조용히 서 있었다. 벽면을 장식하고 있는 청색 타일, 바람결에 나부끼는 하얀 빨래들, 그 사이로 사람들의 웃음소리가 간간이 울려 퍼졌다.

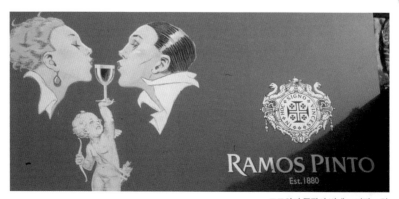

포트와인 공장의 벽에 그려진 그림

과연 포르투는 깊은 매력을 감추고 있었다. 이 도시의 끌림과 매력은 무엇 때문일까? 그다지 세련되거나 화려하지는 않지만 묵직한 자기만의 색깔을 지닌 것이 포르투의 매력은 아닐까. 1996년에 유네스코가 포르투를 세계 문화유산으로 정하고, 2001년에는 유럽 연합이 유럽의 문화 도시로 선정한 이유를 이제야 알 것 같다.

이베리아 반도의 깊고 풍부한 맛을
간직한 포르투갈 음식

포르투갈 요리는 넉넉하고 구수한 맛을 간직하고 있
다. 포르투갈은 기원전부터 켈트, 페니키아, 카르타고 그
리고 로마 인 등 다양한 이민족들의 삶의 터전이 되었고 그들의 문화가 남아
있는 위에 15세기에 시작된 지리상의 발견으로 아시아와 아메리카의 문화가
더해졌다.

포르투갈 인들은 아시아 항해를 통해 당시 유럽에서 고가로 거래되던 향신료
무역을 주도하였다. 이때 들어온 후추와 생강, 고추, 계피 등의 향신료는 포르
투갈 요리에서 빼놓을 수 없는 재료들이다. 또한 아메리카에서 수입된 감자와
토마토, 아시아에서 가져온 차와 쌀은 포르투갈 요리의 '기본 재료'로 사용되
었다. 다양한 향신료의 전래와 더불어 아프리카, 아시아의 여러 인종들이 더불
어 살고 있는 포르투갈의 식탁은 오랜 역사와 다양한 문화가 만들어 낸 결과라
하겠다.

포르투갈 사람들이 가장 즐겨 먹는 요리는 구운 닭고기 요리인 피리피리 치킨
과 바칼라우이다. 바칼라우는 거대한 대구를 소금에 절여 2~3일 동안 물에 담
가 소금기를 뺀 것인데 이것으로 1000여 가지 이상의 요리를 만들 수 있다.

그 외에 포르투갈에서 가장 맛있는 것 하나가 바로 빵이다. 우리가 사용하고
있는 빵이라는 말이 포르투갈 어인데 현지에서 빵을 말할 때는 아무것도 넣지
않은 순수한 빵을 말한다. 반면 우리나라의 케이크 등과 같이 단 종류의 빵은
볼루(Bolo)라고 부른다. 브라질의 빵도 포르투갈의 빵만큼 맛있다고 하는데,
그것은 많은 포르투갈 이민자들이 브라질로 이주해 주로 빵집을 열었고 그들
의 제빵 기술을 그곳에 뿌리내렸기 때문이라고 한다.

'피아노의 시인' 쇼팽이 "터키옥 같은 하늘, 청유리 같은 바다, 에메랄드 같은 산들, 천국 같은 공기"라고 찬사를 보냈던 아름다운 섬 마요르카. 그는 연인이던 조르주 상드와 더불어 1838년 겨울을 이곳에서 지내며 작곡에 몰두했다. 그로부터 100여 년 뒤, 애국가를 작곡한 안익태 선생도 이곳에 정착하여 말년을 보냈다. 그 당시 안익태 선생은 마요르카 교향악단을 창단하고 지휘하여 세계적인 음악가로 이름을 날렸고, 이 때문에 지금도 많은 마요르카 사람들이 그를 기억하고 있다고 한다.

에스파냐
마요르카 섬 Majorca

쇼팽과 안익태의 기억을 찾아서

지중해의 진주, 마요르카 섬

지중해 여행에서 빼놓지 말아야 할 곳 가운데 하나가 바로 에스파냐 사람들이 '지중해의 진주'라 부르는 마요르카 섬이다. 이 섬은 바르셀로나 남쪽 발레아레스 제도에 자리 잡은 천혜의 휴양지로, 올리브와 아몬드, 오렌지 나무로 울창한 거리가 무척이나 인상적인 곳이다.

오래전부터 마요르카 섬은 유럽의 내로라하는 작가와 귀족, 왕족들이 가장 살고 싶어하는 곳으로 꼽을 정도로 유럽 상류 사회에서 인기가 높았다. 그림 속 마요르카의 현란한 전경에 매료당해 이곳으로 달려온 사람은 음악가 쇼팽과 그의 연인이었던 소설가 조르주 상드, 영국의 소설가 로버트 그레이브스뿐만이 아니었다. 마요르카의 열정적인 예찬론자였던 오스트리아 왕가의 루드비히 살바도르 왕자는 아예 이곳에 둥지를 틀고 53년간이나 살았고, 현재 에스파냐의 국왕인 후안 카를로스도 여름이면 이곳 별장을 찾는다.

그 명성은 지금까지도 이어져 마요르카 섬은 유럽 젊은이들이 가장 가고 싶어하는 꿈의 허니문 코스로 자리 잡았다. 길거리를 지나다

보면, 심지어 에스파냐 어보다 독일어나 프랑스 어가 더 많이 들릴
정도다.

전 세계인이 사랑하는 휴양지

북아프리카의 튀니지에서 검푸른 밤의 지중해 물살을 가르는 크루즈
를 타고 마요르카의 팔마 항구로 들어섰다. 아침 햇살을 받은 팔마
항구는 이제 막 색깔이 바뀐 푸른 바다와 코발트색 하늘을 향해 여름
의 힘찬 기지개를 펴고 있었다. 휴양과 낭만의 도시라는 이미지 그대
로였다. 야자수와 오렌지 나무가 해안가를 따라 시원하게 이어지고,
그 사이로 색색의 마차들이 손님을 기다리고 있었다. 해안가 언덕 위
의 저택과 현대식 빌딩 사이에 우뚝 솟은 하얀색의 고딕 첨탑들은 당
당하게 지중해를 응시하는 듯했다.

하얀 마차에 붉은 레이스를 잔뜩 달아 놓은 말이 이끄는 대로, 해
변 도로를 따라가 보았다. 고급 호텔의 전시관이라 할 수 있을 정도

마요르카 해변 도로를 달리는 마차. 하얀 마차에 붉은 레이스가 달려 있다.

로, 수백 개 아니 수천 개의 크고 작은 카페와 부티크, 각양각색의 디자인으로 꾸며진 호텔이 늘어서 있었다. 하얀 산호모래의 해변은 모두 호텔 앞마당이 되어 버린 지 오래였다. 속이 훤히 들여다보이는 바다는 하얀 모래로 인해 연둣빛을 띠고 있었다. 하늘의 구름이 그림자를 드리워 군데군데 검푸른 물결이 무리를 이룬 곳도 눈에 띄었다. 멀리 푸른 바다 위에서는 하얀 요트가 주홍빛 돛을 달고 갈매기의 날갯짓을 따라 파도를 헤치고 있었다.

위엄과 권위의 상징, 팔마 대성당

세속과 쾌락이 꿈틀거리는 해변을 잠시 벗어나, 마요르카 섬의 중심 도시인 팔마의 구시가 골목으로 들어섰다. 순박하고 보수적인 서민들의 삶, 그곳에는 또 다른 세상이 펼쳐져 있었다. 야채 가게와, 연기가 모락모락 나는 꼬치구이 집들, 마요르카의 특산품인 진주를 파는 자그마한 가게가 지나가는 이들의 발길을 붙잡았다. 그리고 그 마을의 중심에는 팔마 대성당이 우뚝 서 있었다.

13세기 에스파냐의 지도 제작자로 유명했던 라몬룰의 동상이 반기는 사그레라 광장을 돌아 팔마 대성당으로 향했다. 입구 바로 왼편에는 아랍의 궁전이자 성채였던 알무다이나가 나란히 서 있었다. 전하는 이야기에 따르면 정복 이전에는 이 성당 자리에 이슬람의 모스크가 있었다고 한다. 아라곤 왕국[1]의 제임스 1세가 1229년에 이 섬을 점령하고 바로 다음 해에 대성당을 건축하기 시작했다고 하니, 여기에는 정복의 상징이라는 의미가 담겨 있음이 분명하다.

한때는 이슬람 사원이었을 거대한 대성당 앞에 섰다. 하지만 이제 그 어느 곳에서도 이슬람의 잔향은 찾아볼 수 없었다. 하늘을 향해 솟아오른 고딕 첨탑이 예외 없이 위엄과 권위로 짓누르는 듯했다. 따뜻하고 투박하거나 아픔을 끌어안는 다감한 공간보다는 절대자를 상징하는 하늘을 강조하던 중세의 전형적인 지중해풍 고딕 양식이다. 하얀 석회석 건물은 태양빛에 따라 하루에도 세 번씩 그 색깔이 바뀐다고 한다. 아침 햇살이 떠오르고 지중해 태양이 작열하는 낮에는 찬란한 황금빛을 띠고, 석양 무렵에는 살짝 핑크빛을 띠었다가, 흐린

팔마 대성당은 절대자를 상징하는 하늘을 강조하던 중세의 전형적인 고딕 양식을 따르고 있다.

날이나 석양 이후에는 황토빛으로 바뀌는 색의 조화가 팔마 대성당의 숨은 매력이라고 한다. 마요르카 출신의 안내인은 과장 섞인 말투로 그 칭찬에 여념이 없었다.

슬쩍 자리를 피해 성당 안으로 들어갔다. 붉은색이 감도는 실내에서는 웅장한 위엄과 함께, 빛을 받아 오묘한 신비감을 주는 스테인드글라스, 장미 문양의 창문이 인상적이었다. 특히 중앙 아치 위에 만들어진 거대한 장미 문양의 창문은 유럽에서도 최대 규모라 한다. 긴 복도 양쪽에는 바로코풍의 우아한 조각과 화려한 성화聖畵로 꾸며진 많은 예배실이 있었다. 성가대의 배치나 스테인드글라스의 복원 같은 부분적인 실내 장식은 그 유명한 안토니 가우디[2]의 손길을 거쳤다고 한다. 이렇게 보면 이 성당 역시 13세기 고딕 양식에서 출발하여 바로크 시대를 거쳐 19세기 현대 건축의 요소까지 모두 담고 있는 셈이다. 에스파냐에서 건축물을 보면서는 제발 연대를 묻지 말라고 고개를 흔들던 안내인의 심정이 비로소 이해가 갔다.

에스파냐 마요르카 섬

1. 11~18세기에 에스파냐 북부에 위치해 있던 왕국
2. 에스파냐의 건축가로, 벽과 천장의 곡선미를 살리고 장식과 색채를 사용한 것으로 유명하다.

거리에서 그림을 그려 파는 화가

웅장한 모습을 자랑하는 팔마 대성당

아랍의 흔적이 남아 있는 거리

그 당시의 아랍 분위기를 느끼기 위해 성당 왼편에 있는 알무다이나 왕궁에 잠시 들렀다. 원래는 아랍 통치자들의 방어용 성채였는데, 1309년 제임스 2세 이후에 마요르카 왕궁으로 개조되었다가, 현재는 군 사령부 본부로 사용되고 있었다. 총을 든 보초 옆에서 안을 들여다보는 일이 편치는 않았지만, 건물의 제 기능을 살리고 있는 듯해 흐뭇한 마음도 들었다. 남아 있는 안뜰의 정원과 군데군데 아랍식 건축의 흔적만이 빼앗긴 역사를 말하고 있었다. 제임스 2세는 알무다이나를 대신할 요새로 팔마 시내가 모두 내려다보이는 언덕 위에 벨베르 성채를 구축했다. 네 개의 전망탑을 둘러싼 원형의 성채 위에서, 비로소 맞은편의 대성당을 비롯하여 진정한 팔마의 모습을 모두 담을 수 있었다.

구시가 어딘가에 아랍의 분위기가 남아 있는 곳이 있을 것 같아, 안내인을 졸라 사 포르텔라 지역의 세라 거리를 찾아갔다. 여기는 그야말로 아랍 마을이나 다름없었다. 길거리에 수녀들이 다니고, 콧수

에스파냐
마요르카 섬

벨베르 성채

알무다이나 왕궁

33

염 달린 북아프리카 아랍 인 대신 친절하고 다혈질인 남부 에스파냐 사람들이 창가에 모습을 드러내고 있는 것만 달랐다. 좁은 골목 입구에는 아랍식 아치를 위에 얹은 벽돌집이 어김없이 서 있고, 11세기에 지어진 아랍 목욕탕도 남아 있었다. 902년에 아랍 통치자 이삼 알 하울라니가 이곳을 지배한 뒤 아랍 인들이 팔마를 칭했던 '메디나 마요르카'라는 이름 역시 그대로 살아 있었다.

골목에서 검은 눈동자가 너무도 예쁜 어린 소녀 하나를 만났다. 이목구비가 또렷한 아랍의 아이 그대로였다. 무심히 아랍 어를 내뱉은 나를 보고 수줍은 듯 해맑게 웃고는 에스파냐 어로 무어라 중얼거리며 손에 든 빵 조각을 나에게 건넸다. 무엇이든지 나누어 주는 마요르카의 미덕은 아랍의 그것을 닮았다. 빵을 살짝 베어 먹은 뒤 옆의 가게에서 초콜릿 하나를 답례로 사 주자, 고맙다는 눈인사와 함께 집으로 달려가 버렸다.

아랍식 아치를 얹은 주택이 독특한 팔마 시 골목   팔마 시의 기념품 가게

쇼팽과 안익태를 추억하며

마요르카 섬은 넓기도 하거니와 한 달을 부지런히 다녀도 보지 못할 역사 유적과 신화의 무대, 낭만의 진원지들이 가는 곳마다 널려 있다. 하지만 아무리 바빠도 발데모사는 잠시 들러야겠다는 생각에 다른 일정을 접고 발데모사로 향했다.

발데모사에는 오래된 수도원 하나가 있다. 사실 이곳은 수도원보다 쇼팽이 머물던 곳으로 더 잘 알려져 있다. 지금이야 관광객들이 찾아 주니 마을의 경제에 약간의 도움이 되겠지만, 정작 쇼팽이 이곳에 머물 때는 마을 주민들과의 관계가 그리 좋지 않았다. 건강이 극도로 악화된 쇼팽은 1838년 겨울에 연인인 조르주 상드와 이 수도원에 머물면서 작곡에 몰두했다. 이곳에서 쇼팽은 〈빗방울 전주곡〉을 포함한 여러 전주곡을 작곡했다.

지중해 휴양지의 여유가 느껴지는 마요르카 전경

발데모사에서 그리 멀지 않은 곳에 라 라이사 정원과 알 파비아 정원이 있다. 모두 아랍식 정원으로, 그라나다에 있는 알함브라 궁전의 정원을 복원한 영국의 정원사 러셀 페이지가 자신의 책에서 극찬하여 유명해졌다. 이곳은 이슬람의 천국을 형상화해 만들어졌는데, 여덟 개의 테라스와 수많은 꽃들이 피어 있는 화단 사이로 맑은 물이 흐르고, 통행로 주변에는 은은한 허브 향이 가득해 마치 천국에 온 것 같은 환상적인 느낌을 준다고 한다. 그런데 애써서 찾아가 보니, 이 정원들 모두 개인 소유가 되어 지금은 잡초만 무성히 자라나 있었다. 차라리 환상을 간직하는 것이 좋았을 걸 하는 후회가 한없이 밀려들었다

마요르카를 떠나기 전날, 작곡가 안익태의 거리를 잠시 거닐었다.

안익태 선생이 머물렀던 집에는 에스파냐 인인 그의 부인이 남아 그곳을 지키고 있었다. 마요르카 교향악단을 만들어 음악 활동을 계속하던 안익태는 1965년, 마침내 이곳에서 눈을 감았다. 현재 그를 기억하는 마요르카 사람들이 기념관 건립을 위해 애쓰고 있다고 한다. 독일 미인으로 넘쳐 나는 해수욕장과 태양을 좇는 관광만을 떠올렸던 마요르카에서, 쇼팽과 안익태의 추억을 발견할 수 있었던 것은 그나마 다행이었다.

마요르카와 특별한 인연을 맺은
작곡가 안익태

한국이 낳은 세계적인 작곡가이자 지휘자인 안익태는 베
토벤, 브람스, 드보르자크, 리하르트 슈트라우스 등의 작품을 즐겨 지휘했다.
그는 1946년에 스페인 여인과 결혼하여 스페인 국적을 얻고 마요르카에서 작
고할 때까지 20년간 살았다. 그는 마요르카 심포니 오케스트라 창단 상임지휘
자가 되어 1947년에 팔마에 정착하게 되었다. 같은 해 1월 14일, 팔마 중앙극
장에서 가진 창단연주회를 시작으로 1959년까지 마요르카 안팎에서 232회의
연주회를 가졌으며, 마요르카의 아름다운 풍광을 소재로 〈마요르카 교향시
(1948)〉, 〈 프로멘토르의 피(1951)〉 등을 작곡하였다

오늘날, 안익태 탄생 100주년을 기념하고자 팔마 시에서는 다양한 행사가 추
진되고 있다. 그가 작고한 7년 뒤, 당시 팔마 시 시장의 서간이 담긴 《마요르카
와 안익태》라는 책을 출판하였는데, 2006년에 다시 현 시장과 작가 조안 보넷
의 서문을 담아 재발간하였다. 또한 팔마 시는 시내 동쪽에 '안익태 거리'를 지
정하였고, 한국 국제아트페어에 마요르카의 5화랑을 참여시켜 그의 발자취와
팔마와의 우정을 소개한 바 있다.

한국의 후원과 주관으로 팔마 시 보르네 거리에 '소리의 그림자'라는 안익태
기념 조형물이 세워지기도 했다.

프랑스 남부에 있는 유서 깊은 도시 아비뇽에서는 해마다 7월이면 세계적인 연극 축제 '아비뇽 축제'가 열린다. 그 옛날 중세 시대에 가톨릭 교황들이 살던 옛 교황청 궁전 마당은 거대한 야외무대로 변신하고, 전 세계에서 모여든 수많은 사람들은 예술의 열정을 한껏 불태운다. 또한 아비뇽하면 14세기 교황의 '아비뇽의 유수'라는 역사적 사건도 떠올리지 않을 수 없다. 이처럼 예술의 도시이자 중세의 삶과 모습이 잘 보존되어 있는 아비뇽은 유네스코 세계 문화유산 지역으로 지정되어 지금도 수많은 세계인을 끌어 모으고 있다.

프랑스
아비뇽 Avignon

중세의 향기로 가득한 연극의 도시

중세의 향기로 가득한 도시, 아비뇽

프로방스 지방의 전통이 살아 숨 쉬는 엑상프로방스Aix-en-Provence에 들렀다가, 내친 김에 아비뇽으로 내달았다. 차로 한 시간 정도 되는 거리를, 프랑스 남부의 여름 들꽃과 싱그러운 전원을 끼고 달렸다. 멀리서 론 강으로 둘러싸여 있는 14세기의 성곽 도시가 나타나자 가슴이 뛰기 시작했다. 성문 바깥 주차장에서 버스를 내려, 성안 좁은 골목을 따라 하염없이 걸었다. 중세풍의 건물이 아름다운 골목길, 오래된 창문, 담쟁이가 살짝 덮여 있는 성벽 구석, 어느 곳에나 온통 역사의 향기로 가득하다.

발랑스Balance 구역과 레퓌블릭 거리La rue de la R'épublique가 만나는 곳이 시내 중심지인 듯했다. 시청사와 아비뇽 오페라 하우스가 나란히 서서 여행객을 반겨 주었다. 이미 광장 주변은 사람들로 가득했고, 옥

멀리서 바라본 아비뇽 전경

41

외 카페는 빈자리 하나 찾기도 힘들 정도였다. 발랑스 뒷길로 해서 교황청으로 방향을 잡았다. 벽돌이 깔린 골목에 줄지어 늘어선 자그만 선물 가게들에서는 프로방스 지방에서 생산되는 공예품을 팔고 있다.

한 화랑 입구에 1907년에 파블로 피카소Pablo Picasso, 1881~1973가 그린 입체파¹의 선구적 그림인 〈아비뇽의 아가씨들〉이 걸려 있었다. 문득 이 그림 속 여인이 프랑스의 아비뇽이 아닌 에스파냐 바르셀로나에 있는 아비뇽 거리의 매춘부였다는 사실을 떠올리고는 혼자 쓸쓸히 웃었다.

연한 색감의 면직물과 프로방스 지방의 전통 복장, 도자기와 인형이 은은한 허브 향과 어울리며 소박한 아름다움을 뽐내고 있었다. 정갈하게 놓여 있는 전시물들, 정감 있는 쇼윈도, 게다가 창틀 모양 하나하나에도 도시의 분위기에 맞춰 세심하게 배려한 흔적이 역력했다. 골목만 하루 종일 돌아다녀도 마냥 좋을 것만 같았다.

도시를 거닐면서 500년 전의 모습을 상상할 수 있다는 것만으로도 아비뇽은 충분히 가치가 있다. 파리에서 677킬로미터나 떨어져 있지만, 론 강을 끼고 있는 아비뇽은 11~12세기에 이미 독립하여,

---

1. 영어로는 큐비즘(Cubism)으로, 미술은 자연의 모방이라는 종래의 이론에 반발해서, 원근법 · 명암법 등의 전통적 기법을 거부하고 화폭의 2차원적 평면성을 강조했다는 특징을 지닌다.

이탈리아와 에스파냐를 잇는 도로의 요충지이자 지방 상업의 중심지로 크게 번영하였다. 1309~1377년에는 로마에서 피신해 온 클레멘스 5세를 비롯해 일곱 명의 교황이 차례로 이곳에 머물렀다. 이 때문에 1791년, 프랑스에 통합되기 전까지 아비뇽은 교황령이었다.

세계 최대 규모의 아비뇽 축제

마침 7월이라 구시가지 안에서는 아비뇽 축제가 열리고 있었다. 칸 Cannes 이 국제 영화제로 유명하다면, 아비뇽은 단연 세계 최고의 연극제로 잘 알려진 도시다. 1947년, 장 빌라르Jean Vilar, 1912~1971에 의해 자그맣게 시작된 지방 예술제는 2003년 파업으로 잠시 중단된 것을 제외하고 지금까지 60년 동안이나 계속되었다.

　3주일 동안 계속되는 축제에 이미 수십만의 인파가 몰려들었고 전 세계의 내로라하는 공연단이 모두 집결하였다. 길거리 벽면마다 다양한 포스터가 수백 장씩 바람에 나부끼며 연극제의 분위기를 북돋

세계적인 연극 축제인 '아비뇽 축제'의 밤

우고, 사람들이 몰려 있는 곳마다 빠짐없이 거리극이 펼쳐지고 있었다. 연극, 뮤지컬, 발레, 무용 같은 공식 행사뿐만 아니라, 아마추어 젊은이들이 길거리에서 자신의 끼를 마음껏 발산하는 연극과 연주, 마임, 퍼포먼스 등 다양한 문화의 향연이 나에게는 더욱 매력적으로 다가왔다. 더구나 이 거리가 젊은 예술가들에게 새로운 도전과 가능성을 실험할 기회를 주어, 미래의 스타를 기르는 산실이 된다는 데까지 생각이 미치자 슬며시 부러운 마음이 들었다.

차가 다니기 힘든 아비뇽 성채 도시 안에는 좁고 긴 스트리트 카_차
도를 다니는 미니 관광 열차가 다닌다. 자동차는 지나가지도 못하는 좁은 골목 골목을 곡예하듯이 빠져나가며 주요 지점으로 연결해 주고 있다. 스트리트 카를 타고 종착역에 내리니 그곳이 바로 교황청 광장이었다. 대공연을 해도 좋을 만큼 넓은 광장에는 한 켠으로 카페가 있고 이곳에서도 피부색과 옷차림이 다른 사람들이 미니 공연을 펼치고 있었다. 마치 국가별 묘기 자랑을 하는 것 같았다.

광장 카페에 앉아, 부드러운 초콜릿과 설탕, 박하로 만든 아비뇽의 대표적인 음식 파팔린과 아비뇽 산 포도주 코트 뒤 론 한 잔을 마

아마추어들이 펼치는 거리 연극제. 연극과 연주·마임·퍼포먼스 등 다양한 문화의 향연이다.

44

시며 잠시 거리 축제를 즐겼다. 여기야말로 지상 최고의 공연 좌석일
게다.

신과 예술이 만나는 교황청

지금 이곳, 교황청이 바로 세계적인 연극 축제의 주 공연장이다. 14
세기 건축물인 교황청 궁전의 안마당은 어느새 2200여 명을 수용할
수 있는 거대한 야외무대로 변해 있었다. 그 밖에도 여러 성당과 수
도원, 극장, 창고 등이 공연장으로 활용된다고 한다. 빌라르 감독은
교황청 안쪽 아늑한 마당에 관중석을 만들고 연극과 음악을 공연하
면, 그 분위기와 음향 효과를 최대한 살릴 수 있을 것이라 예상했다.
그리하여 교황청 안마당은 그 어느 곳에서도 찾아볼 수 없는 최고의
예술 공간으로 탄생했다. 신의 영역에서 만들어지는 인간의 창조적
예술성은 그래서 더욱 의미 있지 않을까? 빌라르 감독의 뒤를 이어
여러 명의 예술 감독이 이 연극제를 꾸려갔다고 한다. 이들이 60년

프랑스
아비뇽

'거리 연극제'를 홍보하는 포스터들

가까이 기울인 열정과 주민들의 동참으로, 아비뇽 축제는 이제 명실공히 세계적인 예술 축제로 성장했다.

예술과 종교의 만남이라는 가슴 벅차 오르는 감동을 안고 교황청을 찬찬히 살펴보았다. 고색창연한 위용을 지닌 이 교황청은 '아비뇽 유수'라고 불리는 역사적 사건의 현장으로 유명하다. 11세기부터 축조되었다는, 두께가 4미터에 가까운 견고한 성벽은 높이가 50미터에 이르는 열 개의 탑과 함께 주변을 둘러싸고 있었다. 교황청이라기보다는 외적을 막아 내는 요새 같았다. 고딕 첨탑이 양편에 높게 솟아 있는 아치형 정문은 돌로 쌓아 올린 투박함이 그대로 드러나 화려함과는 거리가 멀었다. 그리고 오목하고 볼록한 공간이 반복되어 있는 꼭대기의 회랑은 전형적인 아랍 식으로 지어져 있었다.

이 교황청을 세계에서 가장 아름답고 견고한 고딕 건축물이라고 찬사를 아끼지 않았던 사람들은 옛날 그림을 보았거나 동시대 다른 나라의 교회 건축물을 골고루 보지 못했음이 분명하다.

내부의 모습도 다소 실망스러웠다. 셀 수 없이 많은 홀과 예배실, 화랑, 계단 등은 14세기에 지어질 당시 가장 현란한 모습으로 꾸며져

연극제를 위해 준비된 거대한 야외무대

있었다고 하는데, 프랑스 혁명 때 모두 파괴되거나 분실되어 지금은 텅 비어 있었다. 다만 벽면에 남아 있는 퇴색된 프레스코[2]와 이곳을 거쳐 간 역대 교황들의 초상화만이 여기가 교황청이었음을 전해 주고 있다.

그런데 로마의 교황청이 이리로 옮겨 온 이유는 무엇일까? 13세기 말에 접어들면서, 왕의 세속권[3]이 교황권보다 점차 우위를 차지하기 시작했다. 이때 교황이었던 보니파키우스 8세Bonifacius Ⅷ, 1235~1303는 교황권 지상주의를 내세우며 영국·프랑스 왕과 대립하고 있었다.

이들의 대립은 프랑스 왕 필리프 4세Philippe Ⅳ, 1268~1314가 교황의 양해 없이 프랑스 내 교회에 임시세를 부과하면서 극단으로 치달았다. 그러자 필리프 4세는 1303년에 로마 교외에 위치한 아나니에서 교황을 체포했고, 이에 교황은 화병으로 숨을 거두고 말았다. 그 결과 1305년에 선출된 프랑스 인 교황 클레멘스 5세는 프랑스 왕의 강력한 통제를 받는 것은 물론, 급기야 로마 교황청에 입성하지 못한 채 프랑스에 머물게 되었다. 클레멘스 5세는 처음에는 아비뇽 북동쪽에 있는 카르팡트라스에 교황청을 설치하고 그곳에 머물렀다. 그 뒤

프랑스
아비뇽

---

2. 대표적인 벽화 기법. 넓은 뜻으로는 회반죽을 바른 벽에 그린 회화를 뜻하나, 본래는 회반죽 벽이 마르기 전 촉촉한 상태에서 물에 녹인 안료로 그리는 벽화 기법이나 벽화를 가리킨다.
3. 행정권, 입법권, 사법권 같은 세속적 권력

1348년에 교황 클레멘스 6세Clemens Ⅵ, 1291~1352는 아비뇽 전체를 사들여, 파리 왕궁을 모방한 지금의 호화스러운 교황청 궁전을 세웠다.

결국 1309년부터 그레고리우스 11세Gregorius XI, 1329?~1378에 의해 본격적인 로마 복귀가 이루어진 1377년까지, 68년 동안 일곱 명의 교황이 아비뇽에서 기독교 세계를 대표하였다. 이 시기를 역사에서는 기원전 6세기 이스라엘 사람들이 성전의 도시를 떠나 바빌론에 유폐되었을 때를 빗대어 아비뇽 유수라 한다.

예술과 함께 숨 쉬는 도시

이런저런 생각에 잠기면서 교황청 성채를 빠져나오니, 왼쪽에는 아비뇽에서 가장 오래된 건물인 12세기경의 노테르담 데 돔Notre-Dame-des-Doms 성당이 투박한 로마네스크 양식[4]의 고전적 아름다움을 맘껏 뽐내며 서 있었다. 돔 위에서는 후대에 추가한 것으로 보이는 황금 마리아 상이 광장을 지켜보고 있다. 중세의 성곽 도시 아비뇽 전체를

교황청

조망하기 위해 교황청이 서 있는 로셰 데 돔Rocher des Doms 공원이 있는 언덕으로 올라갔다. 아비뇽에서 가장 높은 언덕에 있다는 이곳에서는 론 강이 한눈에 내려다보였다.

정말 아비뇽은 유럽에서도 보기 드물게 역사와 문화, 사람들이 낭만 속에 함께 살아가는 도시였다. 앞에는 론 강이 흐른다. 론 강에는 민요 〈아비뇽의 다리 위에서〉로 유명한 생 베네제 다리Pont St Bénezet가 있다. 교황청 도시 아비뇽과 신도시 아비뇽을 연결해 주는 길이 900미터의 다리다. 12세기에 만들어진 뒤로 보수를 거듭하다가 1680년부터는 반쯤 무너진 채 세 개의 아치만이 론 강에 걸쳐져 있었다. 이제야 버스 기사가 줄곧 틀어 주는 민요가 친숙하게 다가왔다. 아비뇽에서의 모든 공간은 예술을 담는 그릇이었다. 무대와 관객이 따로 없고 어느 곳이든 빈틈만 있으면 무슨 공연이든지 볼거리가 생겨난다. 시간을 잊고 사람이 사람을 만나 소통하는 진정한 교류의 장, 그곳이 아비뇽이었다.

프랑스
아비뇽

4. 10세기 말엽, 프랑스에서 일어나 12세기 중엽까지 서유럽 각지에 영향을 미쳤던 건축 양식의 하나. 단순하고 소박하며, 공간이 비교적 어두워 신비로운 분위기를 자아낸다. 고대 고전 양식의 여러 요소를 부활시키고 동양적 풍취를 가미한 것이 특징인데, 사원 건축에 그 예가 많다. 로마네스크란 로마네스크 건축이 로마 건축에서 파생한 것이라는 뜻에서 비롯된 이름이다.

입체주의의 시작이 된
〈아비뇽의 여인〉

오늘날 걸작으로 알려진 〈아비뇽의 여인〉은 발표 당시에는 혹독한 비난을 받았다. 그림 속의 여인들은 기괴하고 혐오감까지 주는 비상식적인 모습이었기 때문이다. 화폭에는 기하학적으로 구성된 몸을 한 다섯 명의 벌거벗은 여인들이 그려져 있었다. 신체의 조각들을 섞어 조합한 모습, 각각 서로 다른 곳을 향하고 있는 두 눈과 코, 아프리카 가면을 쓴 듯한 모습 등 대상을 다양한 각도에서 보고 조각을 나눈 뒤 종합하여 배열한 것 같았다. 또 공간적 배경은 푸른색과 흰색의 기하학적 윤곽만을 표현하여 입체적인 느낌을 준다.

즉, 원근감과 명암법에 기초를 두었던 르네상스 미술의 전통을 한순간에 무너뜨린 최초의 그림으로 입체주의의 시작이 된 작품이라고 할 수 있다.

피카소는 사방 6미터에 이르는 이 대작을 그리기 위해 100여 장이 넘는 소묘를 그리고 무수한 덧칠을 했다고 한다. 이처럼 피카소는 3차원의 세계 즉, 입체적인 관점에서 사물을 표현하였고 이는 새로운 회화의 가능성을 연 계기가 되었다. 회화에서 사물의 객관성을 끌어내리려는 그의 노력은 현대 추상 미술의 싹을 키웠고, 20세기의 건축, 디자인에까지 영향을 주었다.

비극적인 역사를 간직한
아비뇽 교황청

아비뇽에서 만난
문화 이야기

아비뇽 교황청은 1309년에 교황 클레멘스 5세가
정치적인 이유로 바티칸으로 가지 못하고 프랑스 아
비뇽에 머물면서 교황청으로 사용한 곳이다. 교황 클레멘
스 5세는 로마의 파벌주의 때문에 고민하다가 프랑스 왕인 필리프 4세가 프랑
스로 올 것을 강요하자 교황청을 프랑스 아비뇽으로 옮겼다.

그뒤 1376년까지 일곱 명의 교황이 이곳에 머물게 되는데 이를 아비뇽 유수라
고 하며, 당시 교황권은 프랑스의 지배하에 놓이게 된다. 이 시기의 교황들은
주로 당시 정치 상황 때문에 로마가 아니라 프랑스 아비뇽에 거처했다.

아비뇽 교황청은 성벽 높이 50미터, 두께 4미터의 거대한 요새와 같이 만들어
졌다. 견고한 석조 건물이어서 14세기의 모습을 온전히 유지하고 있다. 당시
화려했던 건물 내부에는 텅빈 예배당과 회랑이 남아 있다. 교황청을 창건한 베
네딕투스가 만든 북쪽을 구궁전, 클레멘스 6세가 증축한 부분을 신궁전이라고
한다.

51

첨단 패션과 예술의 도시이자 르네상스의 향기로 가득한 이탈리아의 밀라노. 두 가지 매력을 모두 갖춘 도시답게 이곳은 전 세계 사람들이 즐겨 찾는 관광지로 잘 알려져 있다. 특히 하늘을 찌를 듯 당당하게 서 있는 두오모와 세계 패션 시장을 좌우하는 밀라노 패션 거리는, 과거와 현대를 함께 맛보는 즐거움을 선사한다. 밀라노에서 블루는 지중해의 하늘 색깔이고, 자주는 와인색이다. 해가 지고 난 후의 서쪽 하늘에 감도는 은은한 블루의 색감은 밀라노의 밤하늘만이 연출하는 페스티벌이다.

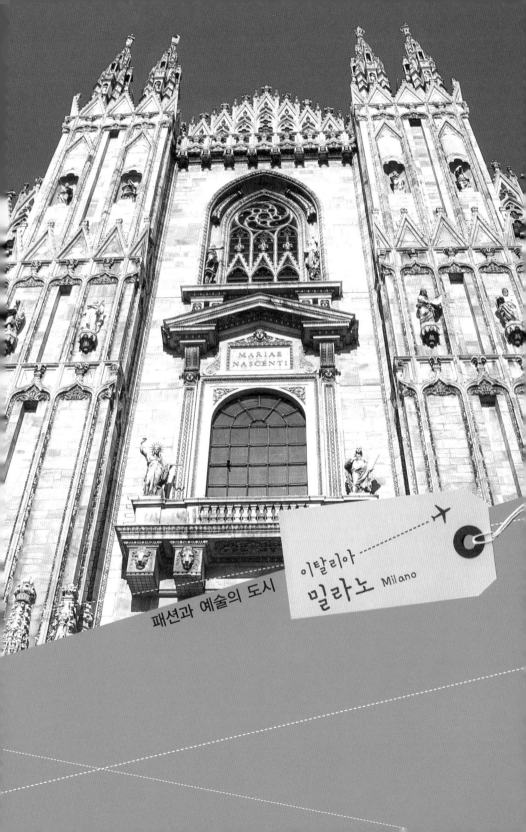

패션과 예술의 도시

이탈리아

밀라노 Milano

이탈리아의 경제 수도, 밀라노

르네상스 시대의 중후한 역사와 최첨단 유행이 자연스럽게 어우러져 있는 아탈리아의 상업 도시 밀라노. 두오모, 이탈리아 어로 '대성당'이라는 뜻, 스칼라 극장, 레오나르도 다 빈치 Leonardo da Vinci, 1452~1519 의 〈최후의 만찬〉. 그리고 패션. 이 네 개의 키워드는 밀라노를 이해하는 문화적 상징어라 할 수 있다. 그 가운데 하나만 보고 느낀다 해도 여행하면서 최고의 만족을 얻을 수 있을 텐데, 밀라노를 찾는 사람들은 이 모든 것을 한꺼번에 맛보는 특권을 누리니 보통 행운이 아니다.

이탈리아
밀라노

중후한 역사와 최첨단 유행이 어우러진 밀라노

흔히 밀라노는 '이탈리아의 경제 수도'라 불린다. 마흔여 개의 은행과 주요 기업의 본사가 밀라노에 있기 때문이다. 이런 밀라노는 나폴리와 시칠리아를 지키는 가난한 남부 이탈리아 인들에게 부富의 상징으로 여겨진다. 그런데 한편으로 이들은 밀라노를 남부인에 대한 차별을 만들어 내는 고약한 곳, 버릇을 고쳐 주어야 할 질시의 대상으로 생각한다. 그러면서도 남부인들은 새로운 삶을 찾아, 또 돈을 벌기 위해 밀라노로 몰려든다. 이탈리아 국내 총생산GDP의 10퍼센트를 차지하는 곳, 그래서 국가 세금의 30퍼센트를 내고 있는 곳이 바로 밀라노이기 때문이다.

멋스럽게 꾸며져 있는 밀라노 거리의 건물들

밀라노에서 가장 인상 깊었던 점은 도시 전체가 예술과 건축, 패션이라는 첨단 문화로 무장하고, 그에 걸맞은 문화 상품을 끝없이 개발해 낸다는 것이다. 그러니 밀라노는 문화가 고부가 가치 상품이 된다는 사실을 일찍부터 현대인에게 일깨워 준 경제 교사인 셈이다. 이런 환경에서 사는 밀라노 시민들은 누구나 최고의 패션 디자이너, 문화 기획가가 될 수밖에 없을 것 같다는 느낌이 든다.

밀라노의 상징, 두오모

밀라노의 중심에 있는 두오모 광장에 서서 대성당을 바라보았다. 하얀 대리석의 맑고 깨끗한 기개가 하늘을 찌를 듯 아름다웠다. 세속적인 세상을 뚫고 하늘로 향하려는 고딕 양식의 첨탑이 너무나도 당당하고 도도해 보였다. 치솟은 고딕 첨탑만 135개에, 대성당 본체의 둘레는 500미터가 넘는다고 한다. 천천히 감상하며 걸으니 20분이 넘게 걸렸다.

이탈리아
밀라노

밀라노의 두오모는 성당 규모로도 세계적인 반열에 든다. 바티칸의 산 피에트로, 런던의 세인트 폴, 쾰른의 대성당에 이어 세계 네 번째라 한다. 평평한 면이 없이 삐죽삐죽 솟아 있는 건축물은 너무도 화려하고 완벽해서, 가까이하기에는 마음의 거리가 너무 멀었다. 그저 탄성을 지르며 바라볼 뿐이었다. 건물 위쪽을 자세히 살펴보니, 온통 바로크 양식의 조각품으로 가득했다. 지붕을 따라 사방에 성자들의 조각이 새겨져 있었는데, 도저히 셀 수 없을 정도로 많았다. 나중에 들으니 그 숫자는 자그마치 3159개나 된다고 한다.

밀라노의 중심에 있는 하늘을 찌를 듯 당당하게 서 있는 두오모

    조심스레 성당 내부를 들여다보았다. 좌우로 둥글게 깎은 쉰두 개의 대리석 열주가 높은 천정을 받치고, 정면에는 단일 창으로는 세계에서 가장 크다는 스테인드글라스가 장엄한 스토리를 엮어 내고 있었다. 스테인드글라스는 십자가를 중심으로 《성서》의 이야기들을 화려하게 풀어 내고 있었는데, 하나하나가 슬라이드 필름 조각을 붙인 것처럼 정교함이 돋보였다.

    밀라노 두오모의 왼쪽에는 아치형 유리로 지붕이 덮여 있는 비토리오 에마누엘레 2세Vittorio Emanuele Ⅱ, 1820~1878, 이탈리아의 제1대 국왕의 갈레리아가 서 있었다. 자연 채광을 받아 은은한 분위기가 감도는 깔끔한 중세의 궁전 같은 갈레리아를 빠져나가니, 광장의 왼쪽 끝에 있는 스칼라 극장이 나를 반겼다.

이탈리아
밀라노

밀라노 패션의 중심 상가인 비토리오 에마누엘레 2세 갈레리아

밀라노 두오모의 외부

삶을 호흡하는 오페라의 전당, 스칼라 극장

음악 애호가들에게는 스칼라Teatro alla Scara라는 이름만으로 그 의미가 충분할 테지만, 이를 더욱 빛나게 하는 것은 그 일대를 감싸고 있는 두터운 문화 벨트다. 우리나라의 대구만 한 도시에 미술관이 101개, 도서관이 251개, 극장이 79개, 영화관이 249개라 하니 그저 놀라울 따름이다. 그 밖에도 이곳에서는 셀 수 없이 다양한 문화 이벤트들이 열리고, 누구나 즐기고 참여할 수 있는 아늑하고 낭만적인 문화 공간들로 그득하다.

세계적인 오페라 하우스이자 최고의 음악가들이 꿈꾸는 무대인 스칼라 극장은 1778년에 산타 마리아 델라 스칼라 교회 자리에 세워졌다. 하지만 제2차 세계 대전 때 공습으로 무참히 파괴되어, 1946년에 3600명 정도를 수용하는 지금의 건물로 재건되었다.

스칼라 극장의 명성은 극장의 규모나 시설, 유명한 연주자들 때문이 아니라, 밀라노 시민들의 높은 음악 수준과 예술적 품격을 바탕으로 만들어진 것이다. 나비넥타이와 정장을 차려입은 노부부가 다정

이탈리아
밀라노

하게 손을 잡고 극장으로 들어와 음악을 즐기는 장면이 어색하지 않을 정도다. 게다가 이들은 음악을 즐기는 동시에 작은 실수에도 냉혹한 비판과 질책을 하여, 음악가들이 최고의 기량을 발휘하도록 도와준다. 관객이 바로 가장 무서운 동시에 가장 신뢰할 만한 심사위원이고 후원자인 셈이다. 따라서 스칼라는 모든 순수 음악가들의 꿈의 무대이기도 하지만, 섣불리 덤볐다가는 쌓아 놓은 명성에 먹칠을 하는 살얼음판 같은 모험의 무대가 될 수 있다.

한편 스칼라 극장은 주변의 문화적 분위기로 나에게 또 다른 감동을 주었다. 오른쪽 골목에는 푸치니의 생가가 자리해 있고, 극장 앞 거리의 이름은 베르디였다. 또 누구든지 쉽게 오페라를 즐기러 올 수

세계적인 오페라 하우스이자 최고의 음악가들이 꿈꾸는 무대, 스칼라 극장

있도록 교통의 중심지에 위치해 있었다. 삶의 한가운데에 자리 잡아 사람들과 호흡하고 음악을 대중 속에 끌어들이는 스칼라의 분위기가 마음에 들었다.

레오나르도 다 빈치의 〈최후의 만찬〉

스칼라 광장에는 레오나르도 다 빈치의 동상이 있다. 건축가이자 과학자, 미술가, 조각가 등 르네상스 시대 최고의 예술가로 손꼽히는 레오나르도 다 빈치는 그의 이름만큼이나 유명한 작품인 〈최후의 만찬〉을 밀라노에 남겼다. 이 작품은 15세기에 건립된 산타 마리아 델레 그라치에 교회의 수도원 식당 벽면에 그려져 있다. 큰 기대와 흥분을 지닌 채 수도원 식당으로 들어가, 그 유명한 〈최후의 만찬〉을 경건한 마음으로 우러러보았다.

　이 세기의 대작은 밀라노의 명문 귀족이었던 로도비코 일 모로 Ludovico il Moro, 1452~1508의 의뢰를 받아 다 빈치가 그린 유채화다. 그

이탈리아
밀라노

당시로서는 상식을 뛰어넘는 매우 파격적인 화풍으로, 기품 있고 당당한 르네상스 시대 예수의 모습이 인상적이다. 그곳에는 고통스럽고 괴로워하는 빈사의 예수는 없다. 르네상스의 풍요와 사치, 자유분방한 자기 표현 방식이 예수를 철저히 르네상스의 틀에 넣어 정형화시켰다. 고통받는 자, 억압받는 자들을 대변한다는 원시 기독교의 숭고한 보편성은 그림 어디에서도 찾아볼 수 없다.

이 그림은 "너희 중에 한 사람이 나를 배반하리라."라고 예수가 말하는 순간을 표현했다고 전해진다. 사도들은 놀라고 슬퍼하면서 "주여, 그 자가 나입니까?"라고 반문하는 장면이 너무나 감동적이고 생동감 있게 묘사되어 있다. 예수의 충격적인 선언으로 혼란스러워하는 각 인물의 특징적인 모습도 서로 질서와 조화를 이루고 있다.

다 빈치는 이 작품을 그리면서 때로는 하루 종일 붓을 들지 않고 사색에 잠긴 채 영혼과 새로운 인식 세계를 고뇌했다고 한다. 그리하여 많은 사람들은 〈최후의 만찬〉을 인간이 만들어 낸 가장 위대한 작품이라 극찬하곤 한다.

〈최후의 만찬〉을 보면서 가장 처음 든 생각은 최고의 명품을 직접

지금은 미술관으로 사용되고 있는 스포르체스코 성

보았다는 흥분과 쾌감이 아니었다. 오히려 수도원 식당의 정갈함과 소박함에 먼저 눈이 갔다. 나아가 식사를 하면서도 항상 예수의 존재를 생각하도록 한 커다란 가르침에 절로 고개가 숙여졌다.

다 빈치가 직접 건설에 참여한 빼놓을 수 없는 밀라노 유적으로는 스포르체스코 성이 있다. 1466년에 완성된 이 성은 밀라노 영주인 프란체스코 스포르차Francesco l Sforza, 1401~1466의 명령에 따라 건설되었다. 성은 정사각형의 요새 형태를 띠고 있는데, 성 주변에 홈을 깊이 파서 물이 흐르게 해 적의 침입을 막았다고 한다.

지금 성의 내부는 미술관으로 사용되고 있는데, 다 빈치가 남긴 천장 벽화인 〈나무와 숲〉, 미켈란젤로Michelangelo Buonarroti, 1475~1564가 죽기 3일 전까지 작업했다는 미완의 대작 〈론다니니의 피에타〉가 관람객의 시선을 붙든다. 나체 예수와 성모 마리아의 모습이 숙연하고 경건한 신앙심을 불러일으킨다. 뼈와 가죽만 남은 빈사의 예수상은 인류를 위해 자신을 바친 거룩한 희생정신을 너무나 잘 표현하고 있어, 누구나 그 앞에서 옷 매무새를 고치고 위대한 성자에게 예를 표하게 된다.

이탈리아
밀라노

패션 일번지

스칼라 광장에서 동쪽으로 향하면 비아 몬테 나폴레오네 _{나폴레옹 거리라} _{는 뜻}라는 세계적인 패션 명소가 나타난다. 좁은 길 양옆에는 고색창연한 집들이 검게 바랜 모습으로 발코니를 내밀고는 일직선으로 길게 뻗어 있다. 얼핏 보기에는 밀라노 골목 어디에서나 볼 수 있는 풍경이다. 그러나 이곳은 밀라노의 단순한 뒷골목이 아니다. 세계 패션의 메카이자 디자인과 스타일의 수도이다. 눈에 익은 상표들과 그보다 훨씬 많은 처음 들어보는 패션 상품들이 고객을 유혹한다. 유행을 선도하는 디자인과 색감, 빼어난 감각들이 좁은 골목에 가득하다.

상점의 쇼윈도에는 그 상표와 상점을 대표하는 옷이 단지 한두 벌만 전시되어 있다. 그것으로 충분하다. 무엇을 골라야 할지 모를 정도로 쇼윈도를 가득 채우는 여느 상점과는 분명 다르다. 실력과 전통 그리고 개성으로 승부하겠다는 그들의 자존심이 느껴진다.

밀라노를 사랑하여 그곳에 정착했던 시칠리아 출신 소설가 조반니 베르가_{Giovanni Verga, 1840~1922}는 밀라노를 일컬어 '가장 도시다운 도시' 라는 표현을 서슴지 않았다. 그는 자연보다는 도시가 갖출 수 있는 완벽한 문화적 기능에 찬사를 보낸 것이 아닐까. 그만큼 밀라노는 개성적인 건축물과 예술적 숨결로, 미래 지향적이고 현대적인 느낌으로 가득한 매력적인 도시다.

이탈리아
밀라노

밀라노에는 수도꼭지 하나에도 멋스러움이 담겨 있다.

밀라노에서 만난
예술 이야기

밀라노 파와
레오나르도 다 빈치

15~16세기경 북부 이탈리아의 밀라노를 중심으로 활약한 화가들을 밀라노 파라고 한다. 그들은 15세기 중엽부터 V.포파 등이 A.만티냐를 중심으로 한 파두아 파의 영향으로 북유럽의 고딕 양식에서 벗어나 밀라노에 르네상스 양식을 확립하였다.

그 뒤 1480년에서 1500년까지의 D.브라만테와 1482년에서 1499년까지 및 1506년에서 1512년까지의 레오나르도 다 빈치의 밀라노 체류가 결정적으로 영향을 미쳐 A.다 프레디스, G.보르토라피오, G·페라리, A.소라리오, B.루이니, C.다 세스트 등이 배출되었으나 대부분 레오나르도 다 빈치의 추종자로 머물렀다.

레오나르도 다 빈치는 1481년(또는 1482년)에 밀라노의 스포르차 귀족 가문의 화가로 초빙되어 약 12년 동안 화가로서뿐만이 아니라 조각가, 건축가, 기사로서 다방면에 걸친 천재성을 발휘했다. 이 시기에 세계 미술사에서 가장 뛰어난 그림 가운데 하나로 손꼽히는 〈암굴의 성모(1483, 루브르 박물관)〉와 〈최후의 만찬(1495~1498, 밀라노)〉이 제작되었다.

세계 최고의
오페라 전당, 스칼라 극장

밀라노에서 만난
문화 이야기

스칼라 극장은 메트로폴리탄 오페라 극장, 코벤트가든 오페라 극장, 빈 국립오페라 극장, 파리 오페라 극장 등과 더불어 세계 5대 오페라 극장 중 하나로 꼽힌다. 이 극장은 1778년에 창건되었으나 제2차 세계대전으로 파괴되어 오늘날의 건물은 1946년에 재건된 것이다.

이곳은 모든 성악가들이 한 번쯤 서 보고 싶어 하는 곳으로, 19세기 이래 로시니렉 · 베르디 · 푸치니 등 세계적인 오페라 작곡가들의 작품들이 초연되었다. 3000여 명이 관람할 수 있는 넓은 실내에는 붉은 카펫이 깔려 있고, 멋진 샹들리에가 늘어져 있어 화려한 느낌을 더한다.

스칼라 극장에서는 거장들의 공연이 줄을 잇는데, 오페라 시즌은 12월 7일부터 7월 초까지이며 9월부터 11월까지는 콘서트나 발레 등을 공연한다.

이탈리아 서부 토스카나 평원에 자리 잡은 꽃과 예술의 도시 피렌체, 인간 감성의 부활을 추구했던 르네상스의 발상지로 잘 알려진 곳답게, 피렌체는 고풍스러운 아름다움을 고스란히 간직한 건물과 예술품들로 가득 차 있다. 특히 르네상스 시대의 세 천재, 레오나르도 다 빈치, 미켈란젤로, 라파엘로의 예술품과 15세기 피렌체를 대표하는 화가 보티첼리의 우아하고 화려한 그림 등이 시내 곳곳에 남아 있어, 마치 거대한 박물관을 연상하게 한다. 르네상스를 꽃피운 예술의 도시 피렌체의 곳곳에서는 문화와 예술의 그윽한 향기가 묻어난다.

이탈리아 ------------ ✈

피렌체 Firenze

르네상스를 꽃피운 '꽃의 도시'

나는 피렌체를 좋아한다. 근엄한 신의 목소리만 우렁찬 유럽의 다른 중세 도시들과는 달리 피렌체에서는 가장 인간다운 열정과 외침을 들을 수 있기 때문이다. 그래서 피렌체를 찾아나설 때마다 설레는 마음이 배가된다. '꽃의 도시' 라 불리는 피렌체는 로마에서 북서쪽으로 3시간쯤 달려간다. 233킬로미터나 이어지는 이 길은 아르노 강변을 따라가다 아펜니노 산맥을 넘는 교통로와 만나면서 이탈리아의 남북을 잇는 교통의 요지이다. 지리적 이점 때문에 피렌체는 일찍부터 도시로 성장할 수 있었고, 12세기 무렵에는 모직물 공업으로 부를 누리며 르네상스를 꽃피웠다. 게다가 레오나르도 다 빈치, 미켈란젤로, 단테A, Dante 1265~1321, 마키아벨리N. Machiavelli, 1469~1527, 베르디G. Verdi, 1813~1901, 푸치니G. Puccini, 1858~1924 등 그 이름만으로도 감동적인 수많은 '천재'를 배출했다. 그래서일까? 처음 피렌체를 만났을 때의

이탈리아
피렌체

베아트리체를 사랑했던 단테의 생가와 단테 상

73

첫인상은 '잘 짜여진 르네상스 박물관' 같은 느낌이었다.

이번에는 북쪽의 제노바에서 반대 방향으로 피렌체로 내려가는 길을 택했다. 리구리아 해를 따라 피렌체까지 가는 길은 포근하고 다정한 풍경의 연속이었다. 나직하지만 풍성한 공간의 여유를 품은 올리브 숲, 싱그러운 포도밭, 하늘을 향해 높고 길게 뻗은 삼나무, 그리고 그 사이로 하나씩 모습을 드러내는 작은 마을들은 잠시도 지겨울 틈을 허락하지 않았다. 인간의 손때가 묻어 있는 마을과 자연의 아름다운 조화 속에 15세기 르네상스 예술이 그대로 녹아 있는 듯했다.

원래 이탈리아는 로마 제국의 땅이다. 기원전 8세기 무렵에 탄생한 로마 제국은, 395년에 로마를 수도로 한 서로마 제국과 그리스 식민지인 비잔티움을 수도로 한 비잔틴 제국으로 갈렸다. 두 나라 중 이탈리아 반도를 차지한 서로마 제국은 게르만 족의 침입을 견디다 못해 476년에 사실상 멸망하고 말았다.

이렇게 게르만 족의 대이동[1]이 시작되고 서로마 제국이 멸망하면서 유럽 세계는 중세로 접어들었다. 이 기간을 우리는 흔히 '암흑시대'라 부른다. 인간의 창의성과 따스한 욕망은 가려진 채 근엄한 신

---

1. 발트 해 연안 북유럽에 살던 게르만 족은 농경과 목축, 수렵으로 생활하고 있었다. 그러다 인구가 증가함에 따라 차츰 경작지를 찾아 남하했고, 결국에는 로마 제국과 국경을 마주하기에 이르렀다. 그 뒤 4세기 후반, 아시아의 유목민인 훈 족이 서쪽으로 진출하여 게르만 족의 일파인 동고트 족을 치자, 이에 압박을 받은 서고트 족이 로마로 들어오면서 게르만 족의 이동이 시작되었다. 이러한 민족 대이동은 200년 동안 계속되었다.

의 목소리만 난무하고 있었기 때문이다. 그러자 인간 중심의 세상을 가꾸려는 유럽의 열망은 그리스·로마 시대를 꿈꾸게 되었고, 이는 '중세 1000년 암흑시대와의 단절'과 '그리스·로마 전통의 부활'을 모토로 하는 르네상스를 불러왔다. 그리고 그 중심에 바로 이탈리아의 부유한 상업 도시 피렌체가 놓여 있었다.

영원한 사랑을 맹세하는 곳, 피렌체의 두오모

피렌체에서도 역사 유적이 많은 시가지 중심부에는 차가 다니지 않는다. 이는 관광객을 위한 배려인데, 그 덕분에 역사와 예술의 공간 사이사이를 자유롭게 누빌 수 있는 여유를 만끽할 수 있다. 피렌체를 찾는 사람들은 대성당이라 불리는 두오모[2]를 이곳의 아름다움을 호흡하는 출발점으로 삼는다. 제법 규모가 큰 도시마다 두오모가 있어, 이탈리아 여행은 두오모에서 두오모로 이동하는 듯한 느낌이 들 정도다.

이탈리아
피렌체

---

2. 영어의 돔(dome)에 해당하는 말로, 반구형의 둥근 지붕과 둥근 천장을 가리키는 말이다. 이탈리아의 두오모와 독일의 돔은 대성당을 의미하는데, 특히 이탈리아에서 두오모는 단순한 종교적 장소를 넘어 지역 주민들을 한데 모으는 구심점 역할을 했다. 그래서 옛날 도시계획자들은 도시를 건설하면서 가장 핵심적인 위치에 두오모를 세운 뒤, 광장·관청·공공시설·상가 등을 배치했다.

특히나 피렌체의 두오모는 여러 가지 의미를 지닌다. '꽃의 성모 교회'라는 별명이 따라다니는 이곳의 정식 명칭은 '산타 마리아 델 피오레 대성당'이다. 1296년에 '피렌체의 위상에 걸맞도록 최대한 장엄하고 호화롭게'라는 취지 아래 장장 175년에 걸쳐 건설되었다.

3만 명을 수용할 수 있는 이 건물의 맨 위에는 팔각형 돔이 얹혀 있다. '쿠폴라'라 불리는 팔각형 돔에는 테라스까지 마련되어 있어 피렌체를 한눈에 내려다볼 수 있게 했다. 테라스에 서서 찬찬히 시내를 둘러보고 있자니, 영화 〈냉정과 열정 사이〉가 떠올랐다. "피렌체에 있는 두오모는 연인들의 성지래. 영원한 사랑을 맹세하는 곳. 서른 번째 생일날, 함께 가 줄 거지?" 하는 여주인공의 대사처럼, 지금 이 순간에도 수많은 연인들이 이곳에서 영원한 사랑을 맹세하고 있었다.

'꽃의 성모'라는 별명이 따라다니는 산타 마리아 델 피오레 대성당

천재 레오나르도 다 빈치와 미켈란젤로의 고향

피렌체는 인류가 배출한 가장 탁월한 과학자이자 예술가, 사상가였던 레오나르도 다 빈치의 고향이기도 하다. 그는 1452년 4월 15일, 피렌체에서 서쪽으로 50킬로미터쯤 떨어진 자그마한 산악 마을에서 태어났다. 피렌체와 밀라노, 로마 등지에서 활동하다가 쉰한 살에 〈모나리자〉를 그리기 시작했다. '리자'라는 여인을 모델로 4년간 공을 들여 마침내 완성한 인류 최고의 걸작에는 수수께끼 같은 여인의 미소가 흐르고 있었다. 살아 숨 쉬는 듯 은은한 미소로 나를 응시하는 모나리자는 눈을 마주칠 때마다 다른 이야기를 속삭이는 것만 같았다. 이는 레오나르도 다 빈치의 붓끝이 휘갈긴 절묘한 예술적 숨김과 은유의 기법이 만들어 낸 결과이리라. 인물의 선과 윤곽을 희미하게 처리하고 부드러운 색채를 사용하여 사람들에게 무한한 상상의

피렌체 세례당의 정문인 천국의 문. 구약성서의 주요 장면을 황금색의 부조로 정교하게 표현하였다.

여지를 남겨 놓은 것이다. "아! 레오나르도 다 빈치, 왜 당신의 이름 앞에 '천재'라는 두 글자가 따라다니는지 오늘에서야 그 이유를 알았습니다." 나는 이렇게 중얼거리지 않을 수 없었다.

레오나르도 다 빈치의 뒤를 이어 피렌체가 낳은 두 번째 천재는 의심할 여지없이 미켈란젤로이다. 조각가를 비롯해 건축가, 미술가, 작가, 학자 등 그 역시 이름 앞에 붙는 수식어가 수도 없이 많다. 미켈란젤로는 레오나르도 다 빈치보다 25년 뒤에 태어나, 45년을 더 살면서 피렌체풍의 예술을 개척하고 르네상스 문화의 황금기를 주도했다.

이유를 설명하기는 어렵지만 나에게 미켈란젤로는 화가이기 이전에 조각가로 먼저 다가온다. 그런데도 바티칸에 있는 시스티나 성당

아카데미아 박물관에 있는 미켈란젤로의 대표작인 다비드 상

의 천장 벽화 〈최후의 심판〉이 안겨 준 충격과 전율은 지금도 떨쳐 버리기 힘들다. 한동안 나는 '화가' 미켈란젤로에게 빠져 헤어날 수가 없었다. 16세기의 화가 바사리 G. Vasari, 1511~1574 의 말처럼 그는 '인간이 경험할 수 없는 모든 감정을 그림에 담아낸' 천재였다.

미켈란젤로가 묘사한 예수 그리스도 Jesus Christ, 기원전 6?~30 는 수염도 없고 강인한 근육을 자랑하는 미소년이었다. 《그리스 신화》의 아폴론을 닮은 듯한 '르네상스풍의 예수'를 탄생시킨 것이다. 천사에게서는 그 흔한 날개조차 떼어 버렸고, 성인聖人들은 죄다 발가벗겼다. 그 당시로서는 무척이나 파격적인 발상이었을 것이다. 당연히 발끈한 성직자들은 예배당의 천장이 아닌 대중 목욕탕이나 이발소에 어울릴 법한 천박한 그림이라며 미켈란젤로를 공격했다. 그러나 구원을 향한 인간들의 숭고한 희원과 최후의 날을 알리는 천사들의 나팔소리에 맞춰 예수가 부활하는 생생한 장면을 보고 경외감을 느끼지 않을 사람이 누가 있으랴!

이처럼 수많은 르네상스 예술가들의 흔적과 불멸의 작품들을 지금 우리가 즐기고 감탄할 수 있었던 배경에는 메디치 가家[3]라는 부유

이탈리아
피렌체

한 예술 애호가들의 노력이 있었다. 열세 살 소년 미켈란젤로에게서 천재성을 발견하고 조각을 공부하게 도와준 것도, 라파엘로Raffaello Sanzio, 1483~1520를 키워 낸 것도 모두 메디치 가 사람들이었다. 또한 브루넬레스키, 방탕했던 화가 리피F. F. Lippi, 1406?~1469 등 르네상스 시대를 빛낸 화가와 건축가 중 누구 하나 메디치 가와 인연을 맺지 않은 사람이 없었다.

피렌체의 옛 정취가 느껴지는 시뇨리아 광장

메디치 가의 영광과 피렌체의 옛 정취를 느끼기 위해 시뇨리아 광장으로 발길을 옮겼다. 광장 전체가 하나의 박물관으로 르네상스 매니아들이 전 세계에서 몰려드는 곳이다. 미켈란젤로의 대표작으로 알려진 다비드 상 조각 앞에 사람들이 몰려 있다. 책에서 익히 보던 놀라운 작품 앞에서 사진을 찍고 즐거워한다. 그러나 정작 다비드 상의 진품은 아카데미아 박물관에 소장되어 있다.

3. 이탈리아의 명문가로, 두 차례의 짧은 공백기(1494~1512, 1527~1530)를 제외하고 1434~1737년에 걸쳐 피렌체와 토스카나 지방을 지배했다. 네 명의 교황(레오 10세, 클레멘스 7세, 피우스 4세, 레오 11세)을 배출했고, 유럽의 여러 왕가와 혼인 관계를 맺었다. 메디치 가 사람들은 대부분 학예와 건축에 대해 열정적이었는데, 단순히 자선이나 과시욕으로 후원한 것은 아니었다. 그들은 계몽된 선각자들이었으며, 지금까지 유럽에 존재했던 예술과 학문의 후원자들 가운데 가장 탁월한 사람들로 평가받고 있다.
4. 단테가 아홉 살 때 첫눈에 반해 죽을 때까지 사랑한 여인으로, 그의 시혼(詩魂)의 원천이 되었다. 단테는 40년에 걸쳐 완성한 《신곡》에서 베아트리체를 찬미하고 있다.

시뇨리아 광장을 조금 벗어나면 베아트리체Beatrice, 1266?~1290[4]를 사랑했던 단테의 생가와 르네상스 미술품의 보고인 우피치 박물관, 그리고 94미터의 종탑을 자랑하는 베키오 궁전을 만날 수 있다. '시뇨리아 궁전'으로 불리던 베키오 궁전은 과거 피렌체 공화국의 정부 청사로 쓰이다가 16세기 메디치 가의 코시모 1세가 자신의 저택으로 삼으면서 조금씩 변해갔다. 그 결과 시뇨리아 궁전이라는 원래 이름은 점차 잊혀지고 베키오라는 이름으로 기억되기 시작했다.

16세기가 시작되면서 르네상스의 화려한 영광은 피렌체에서 로마로 넘어가고 말았다. 피렌체가 길러 낸 위대한 예술가 미켈란젤로가 쓸쓸히 피렌체를 떠나 로마로 이주해 간 것도 바로 이 무렵이었다.

이탈리아
피렌체

시뇨리아 광장과 베키오 궁전

인간의 육체를 가장 아름답게
표현한 미켈란젤로

미켈란젤로는 인간의 육체를 가장 아름답게 표현한 예술가이다. 그는 1500년에서 1560년에 걸쳐 오랜 작품 생활을 하는 동안 피렌체와 로마의 전성기인 르네상스 시기에 레오나르도 다 빈치보다 더 큰 영향력을 끼친 인물이기도 하다.

화가 미켈란젤로의 그림과 조각들은 당시의 교황과 귀족들까지 열광할 정도였다. 당시 유명한 문필가 아레티노는 그에게 스케치 한 장을 얻기 위해 1년 동안 편지를 쓰고 공을 들였지만 결국 얻지 못하여 뒷날 '최후의 심판'을 공격하는 선봉장이 되었다고 한다.

미켈란젤로는 교황 율리우스 2세의 부탁으로 1508년부터 4년 동안 시스타나 성당의 천장에 매달려 그림을 그렸다. 그는 조수들의 실력이 마음에 들지 않아 거의 혼자서 그림을 그려서 목과 눈에 이상이 생기기도 했다.

미켈란젤로가 평생을 걸쳐 추구한 주제는 인체의 아름다운 구조와 움직임 안에서 표현되는 인간 영혼의 생명력이다. 그는 대리석 덩어리로부터 조각상을 파내는 과정은 욕탕에 들어 있는 인물로부터 물을 빼내는 것과 같다고 하였다. 그러나 죽기 직전까지 조각칼을 손에서 놓지 않았지만, 끊임없이 밀려드는 주문 때문에 맡은 일이 밀리자 절망과 혼란에 빠지기까지 했다. 게다가 극단적 완벽주의자여서 미완성으로 남기는 작품들도 많았다. 후에 그는 이런 상황을 "수많은 칼이 나를 찌르는 것 같다." 라고 말하기도 했다.

르네상스의 발상지, 피렌체

피렌체에서 만난
문화 이야기

르네상스를 시간적, 지역적으로 명확히 구분할
수는 없다. 여러 곳에서 점진적으로 시작된 것이
며 마찬가지로 중세가 언제 어디서 끝나는지도 얘
기할 수 없다. 그렇지만 보통 르네상스는 이탈리아 중부 피
렌체에서 시작되었다고 보고 있다.

이탈리아는 지리적으로 이슬람 세계, 비잔틴 세계와의 접촉을 유지하여 서유
럽과의 가교 역할을 해 왔다. 11세기 이후, 상업의 발달과 십자군 운동으로 인
한 도시의 활성화로 도시는 점차 도시국가 형태의 자치도시가 되었다. 13세기
말의 경제 성장기에는 사회 계층의 변화가 심해져서 특유의 시민 문화가 형성
되었는데, 도시국가는 그 특성상 고대의 도시국가와 유사한 점도 있어 로마법
이나 정치 제도에 관심을 가지게 되었다. 이러한 조건들은 르네상스가 이탈리
아에서 발생하게 된 원인이 되었다.

르네상스의 시작점을 오스만투르크의 콘스탄티노플 함락(1453년)에서 찾는
관점도 있다. 그것은 대포와 화약이 전쟁의 중심으로 들어온 전환점이 된 전쟁
이었고 비잔티움 제국과 그리스의 학자들은 그리스·로마의 문헌들을 가지고
로마로 도망쳤다. 이들은 이탈리아에 새로운 에너지를 주었으며 유럽의 오래
된 종교적 질서가 붕괴되는 것에 일조하였다.

DANTE ALLIGHIERI

지중해의 푸른 바다 사이로 그리스 신화의 고향이 자리하고 있다. 유럽과 오리엔트, 아프리카를 잇는 '해양 삼각주'라는 지리적 이점 덕분에 일찍부터 해상 무역이 발달했고, 찬란한 문명까지 받아들일 수 있었던 크레타 섬. 가까이로는 고대 이집트를 비롯해 오리엔트의 발달된 문명이 전해져 미노아 문명을 꽃피웠고, 다시 미노아 문명은 그리스 본토로 넘어가 고대 그리스 문명의 토대를 마련했다. 미노아 문명과 크노소스 궁전, 미노타우로스와 대문호 카잔차키스 등 이름만 들어도 가슴 떨리는 '스타'들을 낳았으니, 크레타 섬은 이미 우리 마음속에서 살아 숨 쉬고 있다고 할 수 있다.

그리스 신화의 고향

그리스
크레타 섬 Creta

미노아 문명의 요람, 크노소스 궁전

그리스 아테네에서 비행기로 한 시간이면 도착할 수 있는 크레타 섬. 비행기에서 내려다본 지중해는 마치 '푸른빛의 향연'이라도 벌이는 듯 청초한 아름다움을 뽐내고 있었다. 신이 창조한 푸른빛이란 푸른빛은 죄다 이곳에 쏟아부은 것이 아닌가 하는 생각이 들 정도였다. 코발트색 하늘과 어우러진 아름다운 바다에 취해 정신을 놓고 있는 사이, 어느덧 저 멀리 크레타 섬의 하얀 지붕들이 드러나기 시작했다.

그리스 신화에 따르면, 크레타 섬의 미노스 왕은 해신 포세이돈과의 약속을 지키지 않았고, 그 벌로 왕비 파시파에는 반인반수의 괴물 미노타우로스[1]를 낳았다. 그러자 미노스 왕은 일단 들어가면 두 번 다시 나올 수 없는 미궁을 지어, 미노타우로스를 가두었다고 한다.

미궁에 갇힌 미노타우로스처럼 미노아 문명[2] 역시 오랜 세월 신화 속에만 갇혀 있었다. 그러다 미노아 문명이 역사적 실체로 모습을 드러낸 것은 영국의 고고학자 에번스A.J.Evans, 1851~1941 의 노력 덕분이었다. 그가 1900년에 발굴하기 시작해 무려 31년에 걸쳐 찾아낸 고대

그리스
크레타 섬

---

1. 그리스 어로 '미노스의 황소'라는 뜻으로, 그리스 신화에 나오는 전설적인 괴물. 머리는 황소이고 그 아래는 사람의 모습을 하고 있다.
2. 기원전 3000년 전부터 에게 해 일대에서 발달한 문명을 에게 문명이라고 한다. 에게 문명은 크레타 섬, 키클라데스 제도 그리고 그리스 본토에서 각각 발달했다. 그래서 크레타 섬의 문명을 미노아 문명(크레타 문명이라고도 함), 키클라데스 제도에서 발달한 것을 키클라데스 문명이라고 하며, 미케네를 비롯한 그리스 본토에서 발달한 것을 미케네 문명이라고 부른다.

크노소스 궁전과 도시는, 독일의 고고학자 슐리만H.Schliemann, 1822~1890의 트로이 유적 발굴과 함께 인류 고대사의 방향을 근원적으로 바꾸어 놓은 쾌거로 평가되고 있다.

크레타 섬의 북쪽에는 섬에서 가장 큰 도시 이라클리온이 있는데, 거기서 5킬로미터 남짓 되는 거리에 크노소스 궁전이 자리하고 있다. 2만 2000제곱미터의 땅에 10만 명을 수용했다는 과거 크노소스 궁전의 장대하고 화려한 모습이 오늘날까지 온전히 남아 있으리라고는 애초부터 기대하지도 않았다. 그러나 내 예상은 보기 좋게 빗나갔다. 에번스를 비롯한 수많은 사람들의 피와 땀으로 복원된 역사의 편린은 상상 이상이었다.

성벽 없이 지어진 궁전 안은 왕실과 접견실, 주방, 연회장, 보물 창고뿐 아니라 벽화의 방까지 크고 작은 여러 개의 방들로 나뉘어 있었다. 꼬부라진 복도와 계단으로 아래위층이 연결되고, 다시 1200개가 넘는 방들이 서로 얽히고설켜 한눈에도 복잡한 구조임을 알 수 있었다. 바로 미궁의 흔적이다. 미노스 왕이 괴물 미노타우로스를 가두기 위해 그 당시 최고의 건축가 다이달로스를 시켜 지었다는 미궁의 신

당시 10만 명을 수용했다는 크노소스 궁전

화가 생생하게 되살아나는 것만 같았다.

남쪽 입구를 거쳐 안뜰로 들어가자, 축제를 위해 마련된 연회장이 눈에 띄더니, 뒤이어 붉은색 기둥들이 시선을 끌었다. 하나같이 위로 갈수록 굵어지는 이 기둥들은 크노소스 궁전의 가장 큰 특징이라 할 수 있다. 삼나무로 만들어진 이 기둥들이 위로 갈수록 굵어지는 이유는 뿌리를 내리지 못하게 하려고 일부러 거꾸로 꽂았기 때문이라고 한다.

주랑[3]을 사용한 점이나 기둥을 세운 솜씨는 이집트의 영향을 받은 듯했다. 그러나 전체적으로 화려한 색채를 사용한 점이나, 기둥에 별다른 장식이나 문양을 남기지 않은 점은 이집트 건축 양식에서는 찾아볼 수 없는 크노소스 궁전만의 특징이다. 환기와 채광에까지 세심하게 신경 쓴 흔적이 엿보이고, 하수와 배수 시설도 잘 갖추어져 있었다. 그 당시만 해도 '최첨단' 도시였다는 인상이 물씬 풍겼다. 창고와 부엌에는 역동성과 풍요를 강조한 뱀 문양의 노란색 대형 항아리들이 즐비하고, 보물 창고에서 찾아낸 토기에는 선형 문자[4]가 아로새겨져 있었다. 흔히 '선형 문자 B'로 일컬어지는 이 문자는 1953년

그리스
크레타 섬

3. 여러 개의 기둥만 나란히 서 있고 벽이 없는 복도
4. 문자의 형태가 직선이나 곡선처럼 선으로 이루어져 있는 문자 형태를 가리킨다. 선형 문자는 그 형태가 시기에 따라 다르기 때문에 크게 A와 B로 구분한다. 미노아 문자로도 알려져 있는 선형 문자 A는 그림문자와 선형 문자 B의 중간 형태로, 외견상 그림 문자의 흔적이 남아 있지만, 추상적인데다 그 수가 그리 많지 않다. 반면 선형 문자 B는 미케네 문명에서 사용된 문자로, 주로 계산서나 물품 목록을 문서에 기록할 때 사용되었다.

크노소스 유적지에서 발굴한 뱀 문양의 노란색 대형 항아리들

에 해독되어, 미노아 어가 미케네 어의 방언이었고 12세기까지 사용되었다는 사실이 밝혀졌다. 하지만 그 당시 주로 사용되었던 '선형 문자 A'는 아직까지 해독되지 않고 있다.

고대와 현대를 아우르는 '문명의 종합 전시장'

궁전 안을 들여다보면 벽면마다 아름답게 채색된 프레스코가 여전히 옛 모습을 간직하고 있었다. 궁전 서쪽 벽면에는 각종 악기를 손에 든 악사들이 씩씩하게 행진하는 모습이 그려져 있는가 하면, 이라클리온 고고학 박물관으로 옮겨진 왕비의 방에는 바다를 배경으로 돌고래와 초목, 파랑새, 여인 들이 마치 살아 숨 쉬는 듯 새겨져 있었다.

벽화에서도 느낄 수 있듯이 미노아 예술은 자연에 대한 감흥을 극적이면서도 세련되게 묘사하기로 유명하다. 다양한 색채를 사용하다 보면 어수선할 법도 한데 그 나름의 아름다운 조화를 이루고 있었다. 오리엔트의 추상적이고 정적인 근엄함이 미노아에서는 사실적·동적으로 발전했고, 이집트가 신을 표현의 중심으로 삼았다면 이곳에서는 인간이 그 중심에 서 있었다. 오리엔트와 닮은 듯하면서도 다르고, 이집트를 베낀 듯하면서도 독특한 미노아 문명이 해양 예술의 새로운 장르를 개척했다는 사실을 어느 누구도 부정하지 못하는 데는 그만한 이유가 있었다.

크레타 섬이 크노소스 궁전으로 유명하지만, 그렇다고 크노소스 궁전이 크레타 섬의 전부는 아니다. 미노아 시대의 유적과 그 뒤에 펼쳐진 풍요로운 문명의 흔적이 마치 한 폭의 그림처럼 함께 어우러져 있으니 말이다.

지중해라는 '문명의 호수'를 끼고 인류가 일구어 낸 다양하고 풍요로운 문화를 받아들인 크레타 섬은, 그 때문에 수많은 이민족의 침략과 약탈에 시달려야 했다. 기원전 27년, 아우구스투스Caesar Augustus, 기원전 63~14는 로마의 대권을 장악하고 중부 그리스와 펠레폰네소스 반도를 차지해 버렸다. 그 뒤 로마가 비잔틴 제국과 서로마 제국으로 갈리자 크레타 섬은 비잔틴 제국의 통치를 받게 되었고, 이곳에는 초기 바실리카[5]가 많이 세워졌다. 그런가 하면 9세기에는 아랍 사람들

그리스
크레타 섬

---

5. 원래는 로마 시대의 법정이나 상업 거래소, 집회장, 궁전 등으로 사용된 직사각형 모양의 공공 건축을 가리키는 말이었다. 하지만 대개는 가톨릭 성당의 원형인 바실리카식 성당을 가리키는데, 이는 4세기 이후에 로마 바실리카 양식을 바탕으로 성당을 건축했기 때문이다.

의 지배를 받아 모스크가 난립하기도 했다. 결국 크레타 섬은 1670년에 오스만 제국의 수중에 들어갔고, 뒤이어 영국의 식민 지배를 받다가 1913년에 이르러서야 비로소 그리스의 품으로 돌아갈 수 있었다. 이처럼 복잡한 침략의 역사를 겪었기 때문인지 크레타 섬을 둘러보고 있노라면 오스만 제국 시대의 성채와 유적은 물론 고대와 현대가 한자리에 모여 있는 마치 '문명의 종합 전시장'에라도 온 느낌이다.

'그리스 인 조르바'의 아버지, 카잔차키스

사람들은 현대 그리스 문학을 대표하는 작가로 카잔차키스를 꼽는데 주저하지 않는다. 크레타 섬의 이라클리온에서 태어난 까닭에 그의 생가는 '니코스 카잔차키스 박물관'으로 잘 보존되어 있고, 그의 묘 역시 항구가 내려다보이는 옛 성벽 언덕 위에 남아 있다. 그런데 어찌된 일인지 그의 무덤에는 나뭇가지 두 개로 엉성하게 만들어진 십자가 아래에 낮은 돌판이 세워져 있을 뿐 아무것도 없었다. 1951

그리스가 낳은 세계적인 문호인 카잔차키스의 초라한 무덤

년과 1957년 두 차례에 걸쳐 노벨 문학상 후보에까지 오른 대문호에 대한 대접이 너무 소홀한 것이 아닌가 싶을 정도다.

《그리스 인 조르바》를 비롯해《다시 못 박히는 그리스도》,《그리스도 최후의 유혹》,《미카엘 대장》 등 수많은 명작을 남긴 카잔차키스. 하지만 그리스 정교는 그의 작품이나 사상이 신을 모독하는 색채가 짙다는 이유로 심한 비난을 퍼붓고 결국에는 파문하는 형벌을 내렸다. 독일과 이탈리아 등 유럽 각지를 돌며 평생 자유 분방하게 살았던 카잔차키스는 이제 세상을 떠나고 없지만, 자유를 꿈꾸는 그의 영혼의 목소리만은 여전히 울려 퍼지고 있었다. 생전에 지었다는 묘비명에 적힌 구절과 더불어 그와 조르바의 이름은 영혼의 자유를 꿈꾸는 이들의 가슴에 길이 남을 것이다.

"나는 아무것도 바라지 않는다. 나는 아무것도 두려워하지 않는다. 나는 자유인이므로……."

그리스
크레타 섬

크레타 섬에서 가장 큰 도시인 이라클리온의 전경

역사 속으로 사라져 간 미노아 문명

기원전 2000년경부터 문명이 성립된 이래 600여 년의 세월 동안 번성했고, 오리엔트와 이집트, 소아시아를 잇는 해상 교역으로 크게 번성했던 크레타 섬. 선진 문명을 받아들여 발전시키고 이를 다시 유럽에 전하는 중요한 역할을 담당했는데도, 크레타 섬에서 발전한 미노아 문명이 왜 역사의 뒤안길로 사라졌는지, 문득 그 이유가 궁금해졌다.

원인은 화산 폭발에 있었다. 기원전 1450년경, 그리스 남단의 타라 섬에서 발생한 화산 폭발과 지진은 엄청난 해일과 폭풍우를 몰고 와 인근 섬 모두를 쓸어 버렸다. 125킬로미터 떨어져 있던 크레타 섬 역시 이 재난의 무서운 힘 앞에서는 속수무책이었다. 뒤이어 그리스 본토에서 건너온 미케네 사람들의 침입으로, 그나마 남아 있던 미노아 문명의 흔적마저 독창성을 상실하고 서서히 그리스 문화의 용광로 속으로 녹아 들어갔다.

유럽 문화의 뿌리를 그리스와 로마 문명에 두고 이를 하늘 끝까지 미화한 19세기 말 유럽 학자들의 사상은 크레타 섬에서는 '한 줌의 오만' 이상이 되지 못한다. 검은 아프리카 대륙의 이집트 문화와 황색 아시아의 오리엔트 문화를 받아들여 독창적인 해양 문화를 낳은 주인공이 바로 크레타 섬이기 때문이다.

문명과 문화란 어느 날 갑자기 하늘에서 뚝 떨어지는 것이 아니다. 오랜 세월 동안 강한 흡입력과 전파력을 바탕으로 수용과 전파라는 지난한 과정을 거쳐 비로소 결실을 맺는 것이다. 아름다운 유럽의 문화도 원래부터 그리스·로마의 성벽에 갇혀 있지는 않았다. 오리엔트와 이집트의 문화를 받아들인 크레타 사람들이 버무려 낸 미노아 문명이야말로, 유럽 문화의 진정한 기틀이라는 깨달음이 뼛속까지 전해져 왔다.

그리스
크레타 섬

크레타 도자기   크레타의 민속 신발

미노아 문명을 역사적 실체로
발굴해 낸 영국의 고고학자 에번스

영국의 고고학자 아서 에번스는 크레타 섬에서 미노타우로스 신화로 유명한 전설적인 왕 미노스의 궁전을 발굴하여 고대 그리스 문명의 역사를 다시 쓰게 했다.

유복한 집안에서 태어난 그는 아버지의 영향으로 소년 시절부터 고고학적 분위기 속에서 자랐다. 1881년 아테네에서 슐리만의 수집품을 본 뒤, 크레타 섬에 관심을 가지기 시작하여 1900년에서 1908년에 걸친 오랜 작업 끝에 미노타우로스의 미궁으로 유명한 전설적인 왕 미노스의 궁전이 있는 크노소스를 발굴했다.

기원전 1400년경에 에게 해의 지배자로 군림했던 미노스 왕의 대규모 궁전 유적은 크레타 섬에서 이루어진 세련된 청동기 문화를 입증하는 것으로써, 크레타 문명이야말로 고대 그리스 문명의 출발점임을 분명히 보여 주었다. 또한 에번스는 전례 없는 거액을 투입하며 대담한 유물 복원 작업을 시도함으로써, 고고학자들뿐 아니라 일반 대중들까지도 크레타 문명에 열광하게 만들었다.

지중해 크레타 섬에서 번성한
미노아 문명

크레타 섬에서 만난
문화 이야기

미노아 문명은 기원전 3000~1100년경 크레타 섬에서 번성한 청동기 문명이다. 미노아라는 이름은 그리스 신화에 나오는 크레타의 왕 미노스에서 유래한 것이지만 이는 왕조의 이름이었을 가능성도 있다. 이 문명은 강력한 국가를 형성했으며 중심지는 크노소스였다. 당시 궁전과 건축물들의 유적이 여러 군데 남아 있으며, 고대 지중해 세계의 유적 가운데 매우 중요하다.

미노아 문명 시대에 만든 도자기들은 지중해 동부 전역에서 발견된다. 그리스 신화에 등장하는 우두인신(牛頭人身)인 미노타우로스는 미노아 문명의 여러 예술품에 가장 널리 쓰인 소재이며 크노소스 궁전 벽의 채색 프레스코에도 그려져 있다. 에게 해의 델로스 섬을 중심으로 한 키클라데스 제도에서는 미노아 크레타 문명과 유사한 청동기 문명인 키클라데스 문명이 꽃피었다. 당시 크레타는 미노아 문명의 주도 세력이었다.

1993년부터 체코의 수도가 된 프라하는 동유럽 최고의 문화 도시다. 지금 프라하가 중심지로 있는 보헤미아 지방은 남북과 동서를 잇는 유럽의 길목으로서 교역과 산업은 물론 종교 전파의 중심지였고, 나아가 여러 민족이 섞이는 용광로 구실을 해 왔기 때문이다. 1000년의 역사를 지닌 체코의 수도 프라하는, 늠름하게 솟은 첨탑과 벽돌색 지붕, 중세풍의 광장과 건물들, 노천 카페와 은은한 야경 등 영화의 한 장면에나 나올 법한 아름다운 풍경이 도시 전체를 가득 메우고 있다.

체코
프라하 Praha

석양이 아름다운 동유럽 최고의 문화도시

동유럽 최고의 문화 도시, 프라하

카를 교에서 바라보는 프라하의 석양은 환상이다. 블타바 강을 사이에 두고 프라하는 한꺼번에 세 개의 이미지로 우리를 어리둥절하게 만든다. 언덕 위의 성채 도시, 강에 비친 도시, 수백 년 역사의 때가 묻은 맞은편의 구시가가 저마다의 색깔과 향기를 뿜내며 서 있다. 오랜 역사만큼이나 고색창연하고 다양한 건축물들이 아름답게 섞이고 때로는 적절한 대비를 이루며, 오늘날의 프라하를 당당하고 자랑스럽게 받치고 있다. '신비의 도시', '황금의 도시', '동유럽의 파리', '100개의 탑으로 이루어진 도시'라는 유럽 인들의 찬사가 결코 과장이 아닌 것이다. 이처럼 프라하가 중심지로 있는 보헤미아 지방은 오래전부터 블타바 강을 끼고 유럽 역사의 주요 무대가 되어 왔다. 남

블타바 강변의 카를 교

101

북과 동서를 잇는 유럽의 길목으로 교역과 산업은 물론 종교 전파의 중심지였고, 나아가 여러 민족이 섞이는 용광로 구실을 해 왔기 때문이다. 과학자인 케플러와 아인슈타인, 음악가인 모차르트와 드보르자크, 소설가 카프카 등 역사상의 훌륭한 인물들이 이곳에서 활동하고 배출된 것도 결코 우연이 아니다.

유럽의 동서남북을 잇는 교역과 역사의 무대

선사 시대부터 사람들이 살아왔던 프라하가 오늘날의 도시 형태를 갖춘 것은, 9세기 경 서西슬라브 족이 보헤미아에서 슬로바키아를 거쳐 폴란드에 이르는 대大 모라비아 왕국830~906을 세우면서부터이다. 대 모라비아 왕국이 쇠퇴할 즈음, 체코 인들은 895년에 프라하를 중심으로 한 보헤미아 왕국을 건설했다. 프라하는 그때부터 체코 인들의 정신적 중심지가 되어 오늘날까지 이어져 오고 있다.

그 뒤 1000년 동안 프라하는 여러 왕국의 지배를 받으며, 다양하

프라하 구시가지 전경

고 독특한 문화와 역사가 꽃피는 중심지 역할을 해 왔다. 이 과정에서 1346년 룩셈부르크 왕조의 제2대 왕인 카를 4세Karl Ⅳ, 1316~1378가 프라하를 신성 로마 제국의 수도로 정했고, 이에 힘입어 프라하는 유럽의 정치·경제적 중심지로서 크게 번성했다. 또 1526년부터 1918년 체코슬로바키아가 독립할 때까지는, 합스부르크 왕가[1]의 지배를 받으며 공업 도시로 이름을 날렸다.

그러다 프라하는 제2차 세계 대전에 휘말리면서 나치의 잔혹한 통치를 경험했고, 구소련에 의해 해방된 뒤에는 체코슬로바키아 사회주의 공화국의 수도로 거듭났다.[2] 그런데 지금 프라하에서는 사회주의와 공산화라는 고정관념의 껍데기는 어디에서도 찾아보기 힘들다.

먼저 10세기 이래 프라하의 심장으로 여겨지는 구시가지 광장으로 달려갔다. 수많은 사람들이 넓은 광장을 가득 메우고 있었다. 각양각색의 사람들이 모여 있어, 마치 지구촌의 인종 전시관처럼 느껴졌다. 그때 갑자기 사람들이 광장 한 편에 있는, 옛날 시청사가 있던 건물 쪽으로 구름처럼 몰려가기 시작했다. 모두 하늘로 치솟은 높은 고딕 건물 앞에 서서 위쪽을 바라보았다. 천문 시계탑이었다. 숫자가

체코 프라하

---

1. 옛날 오스트리아 황실의 일가로 중세 이래 유럽 제일의 명문가이다.
2. 1988년에 고르바초프에 의한 구소련의 개혁 바람이 동구권에 불어 닥치자, 체코슬로바키아에도 변화의 바람이 불어왔다. 따라서 1988년 12월에 공산 정권이 퇴진하고, 1989년에는 비공산주의자가 대통령으로 취임하였다. 그 뒤 1993년 1월 1일, 체코슬로바키아 연방 공화국은 '체코'와 '슬로바키아'라는 두 개의 공화국으로 분리되었다.

그려진 두 개의 원반 옆에는 좌우 각각 두 개씩, 모두 여덟 개의 조각이 세워져 있었다. 허무와 탐욕, 죽음과 낭비를 상징하는 이 조각상들은 인간 세상에 경고를 던지는 듯했다. 15세기에 정교하게 특수 설계된 이 시계탑은 매 시간마다 독특한 방식으로 시각을 알려 준다. 시계의 원반 위에 있는 두 개의 창문이 열리며 예수의 열두 제자로 묘사된 인형들이 차례로 나왔다가 사라지면, 맨 마지막에 시계 위쪽의 닭이 울면서 시각을 알린다.

15세기에 제작된 천문 시계탑.

천문 시계탑을 돌아 골목 안으로 들어가 보았다. 좁은 길에 때 묻은 건물과 빛바랜 창문 사이로 그윽한 커피 향내가 새어 나왔다. 그곳에는 우리의 정겨운 지난 모습들이 시간이 정지된 채 숨어 있었다. 낯선 장신구와 소박한 삶의 도구들, 인간의 삶에 여유와 낭만을 안겨 주던 각종 액세서리와 장신구 등 수백 년 전 중세의 도시가 이곳에 남아 있었다.

나는 이 골목에서 그냥 아무 생각도, 아무 일도 하지 않고 하루를 보냈다. 골목에 머무는 동안, 마치 내가 수천 년 기나긴 삶의 한 작은 점이 되어 있는 것 같은 느낌이 들었다. 참으로 행복했다. 흔히 여행을 할 때는 짧은 시간에 너무나 많은 것을 주워 담기 위해 애쓰곤 하지만, 가끔은 작은 풍경 하나에서 여행 전체를 보상하고도 남는 감동을 얻을 때가 있다. 프라하 뒷골목은 그런 곳이었다.

그 긴 골목을 벗어나니 블타바 강변이 보이고, 그 유명한 카를 교가 다시 나를 반겼다. 그리고 은은한 빛을 발하는 맞은편 언덕 위의

체코
프라하

105

프라하 성이 그윽한 미소로 동방의 나그네를 맞이한다. 석양의 하늘을 등지고 하늘로 솟은 수많은 고딕 첨탑들이 그렇게 아름답고 뭉클할 수가 없다. 프라하를 왜 100개의 탑이 있는 '백탑百塔의 도시'라고 하는지, 이제야 그 이유를 알 것 같았다.

바츨라프 광장으로 자리를 옮겼다. 1968년에 일어난 '프라하의 봄'을 마음으로 느끼기 위해서였다. 그해 봄, 두브체크Alexander Dubcek, 1921~1992가 주도한 체코 민주화 바람으로, 개혁과 시민의 자유라는 프라하의 오랜 꿈이 이루어지려는 찰나였다. 그러나 8월 20일, 구소련군은 탱크를 앞세워 이러한 시민들의 열망을 무참히 짓밟았다. 자유를 포기할 수 없었던 팔라치와 자비츠라는 피 끓는 두 청년은 자유와 민주를 외치며 자신의 몸에 불을 질러 장렬히 산화했다.

그로부터 20년이 지난 뒤, 프라하 시민들은 그 험난한 고난을 이겨 내고 민주주의를 쟁취했다. 분신한 두 청년의 사진 앞에는 향불이 타오르고, 전 세계에서 몰려든 젊은이들이 바친 처절한 꽃송이들이 연기에 휩싸여 있었다.

온갖 건축 양식과 예술 장르가 집중되어 있는 느낌의 프라하 성

이제 호흡을 가다듬고 프라하 성으로 발길을 옮겼다. 프라하 성은 어디가 시작이고 끝인지 분간할 수조차 없을 정도로 그 규모는 어마어마하다. 과연 세계 최대의 성곽답게 웅장한 자태를 도도하게 뽐내고 있다.

프라하 성이 처음 건축되기 시작한 것은 9세기 후반으로, 그동안 오랜 세월을 거치면서 건축물이 늘어나 오늘의 규모로 확장되었다고 한다. 그러고 보니 한 건물에도 온갖 건축 양식과 예술 장르가 집중되어 있는 느낌이다. 대표적인 건물이 성 비투스 대성당이다. 926년에 첫 삽을 뜬 이후 1929년에 이르러서야 지금의 모습을 갖추었단다.

1000년이란 세월이 묻어 있는 대성당 앞에서 오랫동안 자리를 뜰 수 없었다. 건축에 대해 아는 것은 별로 없지만 그 느낌이라도 함께 호흡하고 싶었다. 초기 로마네스크 양식의 돔에 고딕 첨탑, 신고딕 양식이라 불리는 성당 입구의 파차드 장식, 르네상스 양식의 조각과 바로크풍의 장미 장식 유리창 등 오랜 역사와 예술의 변화가 고스란히

체코
프라하

담겨 있었다. 그러면서도 조금도 유치하거나 난잡하다는 생각은 들지 않았다. 엉성한 조화가 주는 아름다움에도 작은 감동이 솟았다. 적어도 자신의 이름만을 남기기 위해 그 시대에 모든 것을 완성하겠다는 오만함과 권위가 드러나지 않아 좋았다. 누구도 알아주지 않는 보통의 일에, 대를 이어 가면서 조금씩 자신의 능력과 생각을 보태는 작업이야말로 고귀하고 품격 높은 문화의 깊이를 보여 주는 것이 아닐까?

성 밖으로 나와 좁은 골목길을 따라 작은 집들이 올망졸망 모여 있는 구역으로 발길을 돌렸다. 궁정에서 일하던 집사와 하인들, 궁정에 물품을 납품하던 상인들이 거주하던 궁성 외곽의 작업장 지대였다.

1000년에 걸쳐 지어진 성 비투스 대성당

한때 황금을 만들려는 연금술사들이 이곳에 자리하면서 '황금 골목
길'이라는 이름이 붙었다고 한다. 기다란 골목길을 따라 양쪽으로 자
그만 작업실과 가게들이 줄지어, 16세기 당시의 모습을 그대로 재현
하고 있었다. 가게 안을 들여다보니 허리를 굽혀야 지나갈 수 있는 낮
은 공간에 사다리를 타고 올라가는 이층 다락방까지, 그 당시의 생활
상을 쉽게 더듬을 수 있도록 정교하게 꾸며져 있었다. 마치 동화 속의
세상에 온 것 같았다.

　무엇보다 이 골목에서 빠뜨리지 말아야 할 곳은 22번지의 작은 집
으로, 바로 유명한 소설가 프란츠 카프카Franz Kafka, 1883~1924가 작품을
집필하던 곳이다. 많은 사람들이 몰려 있어 금방 찾을 수 있었다. 이
골목을 찾은 이방인들은 저마다 22번지 카프카의 집 앞에서 기념 촬
영을 하고 프라하 성을 올려다보면서, 비로소 프라하의 진정한 모습
을 발견하게 된다.

프라하의 예쁜 가게에서 판매 중인 향수들

프라하의 또 하나의 봄
5월 음악 축제

프라하에는 또 하나의 봄이 있다. 체코의 수많은 문화행사 중에서 가장 규모가
크고 핵심적인 축제인 '프라하 5월 음악 축제'인데 일명 '프라하의 봄'이라고
불린다. 이 음악제는 1946년, 체코필하모니 창단 50주년에 맞추어 당시 상임
지휘자였던 라파엘 쿠벨릭이 시작한 이래, 1968년이나 1989년처럼 정치적
격동이 심하던 해에도 어김없이 개최되었다.

이 음악제는 위대한 민족 음악가 스메타나의 서거일인 5월 12일에 그의 교향
시 〈나의 조국〉을 공연하는 것으로 시작되고 베토벤의 〈교향곡 9번 합창〉을 끝
으로 막을 내린다. 6월말까지 이어지는 축제 기간 동안 매년 세계 정상급 악단
과 연주가들이 참가하여 교향곡, 실내악 연주 등 다양한 콘서트와 오페라 공연
을 연다. 전 세계의 많은 음악 애호가들이 몰려오는 '프라하의 봄'의 모든 연주
회 티켓은 매년 어김없이 매진될 정도로 인기가 높다.

축제의 연주회와 공연 장소는 프라하에서 가장 아름다운 아르누보 건축물인
오베츠니 둠(시민회관)의 스메타나 홀이다. 그 외에도 여러 연주회가 프라하의
수많은 바로크, 로코코 궁전들의 역사적 홀과 프라하 성의 슈파넬스키 홀과 이
지 교회, 미쿨라쉬 교회 등 바로크 양식으로 지어진 성당과 교회 등에서 화려
하게 펼쳐진다. 또한 한때 모차르트가 살았던 모차르트 기념 박물관인 베르트
람카, 드보르작 기념 박물관, 스메타나 기념 박물관 등 음악사적으로 의미가
깊은 장소에서도 열린다.

현대 실존주의 문학의 선구자,
카프카

프라하에서 만난
인물 이야기

프란츠 카프카는 체코의 유대계 소설가이다. 현재 체코의 수도인 프라하(당시 오스트리아-헝가리 제국 영토)에서 유대인 부모의 장남으로 태어나 독일어를 쓰는 프라하 유대인 사회 속에서 성장했다.

카프카의 아버지 헤르만은 자수성가한 상인으로 기골이 크고 독선적이었는데 카프카에게 "나는 그 어려운 환경에서도 이만큼 해냈는데, 부족한 게 없는 너는 왜 그렇게 밖에 못하느냐?"며 몰아붙였다고 한다.

카프카는 1906년에 법학으로 박사 학위를 취득한 뒤 이듬해에 프라하의 보험 회사에 취업했지만 그 일을 별로 좋아하지 않았다. 아침 8시부터 저녁 6시까지인 근무 시간 탓에 글을 쓰는 데 집중할 수 없었기 때문이다.

그는 생전에 단지 몇 편의 단편을 발표했으며 〈변신〉을 제외한 대부분의 작품은 미완성이다. 그의 작품은 그가 죽을 때까지 거의 주목받지 못했다. 그는 죽기 전, 친구 막스 브로트(Max Brod)에게 자신의 원고를 모두 파기시켜 달라고 했다. 하지만 막스 브로트는 카프카의 유언을 어기고 많은 작품을 출간하도록 감독했다. 출간된 작품은 곧 주목받기 시작했고 평론가들의 호평을 받았다.

카프카의 출판된 모든 작품은, 밀레나 예젠스카에게 체코 어로 쓴 몇 편의 편지를 제외하고는 독일어로 쓰였다.

'부드러운 백사장과 끝없이 펼쳐진 해안, 하늘을 향해 솟구쳐 오른 토로스 산맥 등 터키의 안탈리아는 마치 한 폭의 그림처럼 아름다운 경치를 지니고 있다. 그뿐 아니라 예전 모습이 그대로 보존되어 있는 로마 시대의 원형 극장, 산타 클로스로 잘 알려진 성 니콜라스 교회 같은 수많은 유적지가 있어, 우리에게 좋은 볼거리를 제공한다.

터키
안탈리아 Antalya

에메랄드빛 지중해가 빛나는
산타클로스의 고향

나그네의 천국, 안탈리아

터키 남부의 지중해 도시 안탈리아에는 끊임없이 비행기가 오르내린다. 이들은 대부분 세계의 주요 도시에서 바로 안탈리아로 찾아오는 관광객들이다. 그들이 국제도시인 이스탄불을 경유하지 않고 직접 이곳을 찾는 이유가 단순히 바다의 매력 때문만은 아닐 것이다.

안탈리아는 그냥 지중해의 도시가 아니다. 1년에 300일 동안 해수욕을 즐길 수 있는 천혜의 기후와 파라솔만 세우면 어느 곳이든 최고의 수영장으로 변하는 수백 킬로미터의 하얀 모래 해변, 고개를 하늘

천혜의 기후를 가진 안탈리아 전경

까지 올려야 겨우 정상이 보이는 가파른 협곡과 웅대한 토로스 산맥, 그리고 그 사이로 뿜어져 나오는 폭포 같은 빼어난 경치는 여느 도시에서는 보기 힘든 것이다.

게다가 해변의 로마 유적지와 무더위를 피해 바닷속으로 몸을 숨긴 수중 도시 케코바Kekova 까지, 오랜 역사의 흔적도 엿볼 수 있다. 사실 사람마다 여행을 즐기는 방법은 다르다. 하지만 안탈리아에서는 역사와 유적, 지중해의 빼어난 경관과 풍성한 식탁, 끝없이 이어지는 해변 카페에서의 낭만과 휴식, 이 모두를 얻을 수 있다.

안탈리아의 진면목을 느끼기 위해, 예전 모습을 간직하고 있는 성안의 구도시 칼레이치Kaleici 에 있는 유일한 호텔인 튜탑에 여장을 풀었다. 튜탑은 오스만 시대 고관의 저택을 호텔로 꾸민 것인데, 고전적인 운치와 바로크풍 실내 구조는 물론, 소박한 옥상 레스토랑의 풍광이 그만이었다. 안탈리아 성칼레이 바로 눈앞에 있고, 그 아래로 요트와 고기잡이배들이 정박해 있었다. 또 왼편으로는 생선 요리를 전문으로 하는 레스토랑과 카페가 보였다.

칼레 주변으로는 미로 같은 옛길이 끝 간 데 모르게 여기저기로

아름다운 색감을 자랑하는 안탈리아 양모 수직 카펫을 팔고 있는 상인들

116

이어져 있었다. 그 좁은 골목에 다닥다닥 붙어 있는 가게들은 이곳을 세상에서 가장 아기자기하고 볼거리 많은 시장통으로 만들어 놓았다. 오리엔트의 색감과 정서가 묻어나는 모든 것이 이 미로 속에 있었다. 작은 도자기, 가죽 장신구, 터키석이 박힌 녹슨 은팔찌, 방금 대롱으로 불어 만든 예쁜 호리병, 기가 막힌 색감을 가진 양모 수직 카펫……. 무엇을 사도 조금도 후회될 것 같지가 않았다.

끝없이 펼쳐진 지중해 해안

호텔을 떠나 유적지 탐사에 나섰다. 안탈리아에서 해안선을 따라 피니케Finike까지 가는 100킬로미터 가까이 되는 2차선 도로는 잠시도 한눈을 팔 수 없을 정도로 경사가 급했다. 길 아래로는 바위 계곡과 해변이 번갈아 나타났는데, 한 구비를 돌아 나갈 때마다 좁은 계곡 사이에 어김없이 20~30미터 길이의 자그만 해변이 하얀 모래를 깔고 숨어 있었다. 이미 파라솔을 세우고 해변 전체를 차지한 연인과 가족들도 보였다. 지중해 해변을 개인 전용 해수욕장처럼 즐길 수 있다니, 그저 감탄만 나올 뿐이었다.

나는 칼레 앞 선착장에서 통통배를 얻어 타고 케코바 수중 도시를 보러 갔다. 로마 이전 시대부터 사람들이 살았던 한 도시가 물속에 가라앉아 있었다. 맑고 투명한 지중해 햇살 덕분에 바닥까지 훤히 들여다보였다. 집 안이며, 목욕탕 자리, 공회장으로 사용된 듯한 제법 큰 공간에 이르기까지, 수중 탐사를 하지 않고 물 위에 앉아 바닷속 도시를 감상하다니, 쉽게 잊히지 않을 추억이었다.

산타클로스의 고향

피니케를 지나 서쪽을 향해 25킬로미터쯤 가면 뎀레Demre가 나타난다. 고대에는 미라Myra라고 불리던 곳이다. 사도 바울로paulus, 10?~67?,가 60년경 루가Saint Luke와 함께 이곳에서 배를 갈아타고 로마로 전도 여행을 떠났다는 기록이 있는 것을 보면, 로마 시대만 해도 미라는 해안 도시였음에 틀림없다. 하지만 지금은 내륙으로 3킬로미터나 들어가 있다.

깎아지른 바위 언덕 위를 잘 살피니, 수많은 암굴이 보였다. 그냥 구멍이 아니고, 기둥을 깎아 아치와 창살을 세우고 신전 모양으로 입구를 조각해 놓은 것이었다. 그 모양이 이상해서 물어보니, 기원전 2세기 리키아[1]Lycia 시대의 독특한 암굴 무덤이라 한다. 무덤에는 비문이 새겨져 있고, 부조로 주인공의 생애가 기록되어 있었다. 멀리서 바라보면 마치 거대한 벌집처럼 보이는 이곳은 터키 지중해에서만 볼 수 있는 독특한 고대 유적이다.

미라 암굴 유적지 주변에는 로마 시대 유적지가 함께 있다. 리키아가 로마의 침략을 받은 뒤, 테오도시우스 2세Theodosius Ⅱ, 401~450 때 미라는 리키아의 수도로 다시 번성했다고 한다. 아크로폴리스 언덕으로 올라가니, 완벽하게 보존된 원형 극장이 나타나 관광객들을 놀라게 했다. 관람석이 38열이나 되니, 규모도 보통이 아니다. 무대는 많이 훼손되었지만, 무대 주변에는 화려한 띠 모양의 장식이 둘러져 있고, 메두사Medusa 의 두상 조각도 선명하게 남아 있었다.

터키
안탈리아

1. 안탈리아 지방의 한 지역으로, 고대에는 한 나라이자 로마 제국의 속주로 번성했다.

미라의 암굴 무덤군을 따라 동쪽으로 가다 보면, 오래된 교회 하나를 만날 수 있다. 산타클로스[2]의 실제 주인공인 성 니콜라스Saint Nicholas 주교가 봉직했던, 바로 그 유명한 성 니콜라스 교회다.

성 니콜라스는 인근 파타라Patara 라는 마을에서 태어나, 4세기 초에 미라의 주교로 임명되었다. 이 마을에 전해오는 이야기에 따르면, 성 니콜라스 주교는 인정이 많은 사람이어서 남몰래 많은 선행을 베풀었다. 특히 자신의 교구에 사는 가난한 세 자매의 결혼에 쓸 지참금을 몰래 마련해, 그들에게 새 삶을 열어 주었다고 한다. 그래서 언제부터인가 그의 선행을 이어받아 그가 세상을 떠난 12월 6일 전날 밤에 몰래 선물을 하는 풍습이 생겼다. 이것이 산타클로스의 유래가 되었음은 물론이다.

교회 안쪽에는 성 니콜라스 주교의 흔적을 기억할 수 있게 한다. 안쪽에는 주교의 무덤이 안치되어 있고, 앞뜰에는 산타클로스 할아버지가 된 주교의 동상이 서 있다. 해마다 크리스마스가 되면 이곳에서 산타클로스 축제가 열린다고 한다. 이제 성 니콜라스 교회는 부모의 손을 잡고 찾아온 전 세계 어린이들의 순례지로 자리를 잡아 가고 있다.

---

2. 가톨릭에서는 그를 성인으로 숭배한다. 네덜란드 사람들은 산 니콜라우스라고 불렀는데, 특히 아메리카 신대륙에 이주한 네덜란드 인들은 산테 클라스라고 부르며 자선을 베푸는 사람의 전형으로 삼았다. 그러다 19세기 크리스마스가 전 세계에 알려지면서, 성 니콜라스는 착한 어린이들에게 선물을 하는 상상의 인물이 되어 '산타클로스'로 이름이 바뀌게 되었다. 산타클로스 복장은 1931년, 미국의 코카콜라 광고에 나온 그림에서 유래한 것이다.

성 니콜라스 주교 상

안탈리아에까지 와서 아스펜도스Aspendos를 놓쳐서는 안 된다. 로마
황제 마르쿠스 아우렐리우스Marcus Aurellius, 121~180 시대에 건축된 완벽
한 원형 극장이 있기 때문이다. 관광객들은 세계에서 원형이 가장 잘
보존되어 있는 훌륭한 극장을 보기 위해 끊임없이 이곳을 찾아오고
있다. 벽돌로 쌓은 직사각형 5층 건물의 입구인 아치문을 통해 극장
안으로 들어서니, 과연 그 위용이 대단했다. 30미터나 되는 높은 벽
이 둘러쳐져 있고, 지름이 95미터나 되는 반원형의 관람석은 1만
5000명이나 되는 인원을 수용한다고 한다.

　무엇보다 반원형의 무대가 이렇게 파괴되지 않고 그대로 남아 있
는 곳은 아직 본 적이 없어서 놀라웠다. 더구나 맨 꼭대기 관람석에
는 갤러리를 설치해 비를 막고 햇빛을 가릴 수 있도록 해 놓았다. 기
둥과 아치로 이어지는 갤러리가 거대한 반원을 이루며 아스펜도스의
웅장함을 더해 주고 있었다. 또한 오케스트라 석의 호화로움과 절묘
한 음향 효과는 아스펜도스의 진가를 그대로 보여 주었다. 관광객들

이 무대 중앙에서 동전을 떨어뜨리고 기타 반주에 맞춰 노래를 부르니, 관중석 꼭대기에서도 그 작은 소리가 거짓말처럼 또렷하게 들렸다. 이 훌륭한 건축물은 2세기 당시 뛰어난 건축가였던 제논의 작품이라 한다.

사실 예나 지금이나 인간의 지혜는 별 차이가 없다. 그러나 고대의 건축물이 종교나 절대자를 위해 목숨을 건 예술혼, 최고 기량의 장인 정신으로 이루어졌다면, 오늘날 건축물은 돈의 액수나 경제적 실용성에 좌우되는 느낌이다. 그러니 어떻게 현대 건축물이 옛날의 그것과 비교나 경쟁이 되겠는가.

황제의 나라, 터키

아침 일찍 요트를 타고 바다로 나가 낚시를 즐겼다. 먹다 남은 빵 조각을 물에 버무린 뒤, 낚시 바늘에 꽂고 힘차게 바다를 향해 던졌다. 얼마 지나지 않아 수십 마리의 형형색색 물고기들이 한꺼번에 몰려

터키
안탈리아

들었다. 바닥까지 들여다보이는 맑고 투명한 바닷물 덕택에, 낚싯밥을 물려는 물고기들이 훤히 다 보였다. 작고 볼품 없는 놈이 달려들면 낚싯대를 흔들어 쫓아 버리고 크고 괜찮은 놈이 걸릴 때까지 기다렸다. 물고기를 보면서 내가 원하는 놈만 골라잡을 수 있다니, 안탈리아의 푸른 바다이기에 가능한 일이 아닐까.

월드컵이 막 끝난 2002년 여름, 며칠 동안 튜탑 호텔에 묵은 적이 있었다. 카운터에서 숙박료를 내려고 하니 이미 계산이 되었다고 한다. 그럴 리가. 다시 누가 계산했느냐고 따져 물으니, 지배인이 이미 방 값을 정산했다는 것이다. 지배인을 만나 차 한잔 하며 한참 동안 이야기를 나누었다. 2002한일 월드컵 때 범국민적으로 터키 팀을 성원해 준 한국인 투숙객들에게는 방 값을 받지 않기로 했다고 한다. 서로가 자국의 이해관계에 혈안이 되어 있는 국제 사회에서, 터키 인을 진정으로 형제처럼 받아 준 한국인에 대한 최소한의 성의 표시라

안탈리아의 바닷가

했다. 그날 대구 월드컵 경기장에서 펼쳐진 한국 사람들의 터키 사랑에 7000만 터키 국민은 감동의 눈물바다를 이루었다고 전했다. 평생 그러한 순간을 언제 다시 맛볼 수 있겠냐며, 자신의 감동을 제발 앗아 가지 말라고 오히려 간청했다.

아! 이럴 수가. 이들이 바로 안탈리아 사람들, 아니 터키 사람들이다. 이 모든 것이 안탈리아에서 얻게 된 소중한 선물이다.

기념품 가게 　　　　　　　　　　　　　　　해맑은 미소를 보여 준 안탈리아의 아이들

가난한 사람들의 친구,
성 니콜라스 주교

산타클로스는 터키의 성직자 성 니콜라스가 미국식으로 바뀐 것이다. 성 니콜라스는 4세기 초, 미라라는 소도시에서 선교를 하던 성직자였다. 니콜라스는 부유한 곡물 상인이었던 아버지로부터 물려받은 모든 재산을 가난한 사람들을 위해 썼다. 그가 얼마나 선행을 많이 베풀었는지 시민들은 그를 신이 주신 선물이라고까지 했다.

로마 황제가 기독교를 박해할 때 그 역시 투옥됐으나 그를 두둔해 주는 사람들이 많아 큰 고초는 치르지 않았다. 니콜라스가 죽은 뒤 그를 기려 성 니콜라스 교회가 세워졌고 그가 죽은 날인 12월 6일에는 성대한 축제가 열린다.

교회는 4세기에 건축돼 6세기에 대지진으로 파괴되었다가 후대에 복원되었다. 1087년, 십자군들이 남하했을 때 성 니콜라스의 석관을 부수고 유골을 이탈리아로 가져가 로마의 성당에 안장했다. 그때 가져가지 못한 유골은 안탈리아 박물관에 있다.

터키 인들이 사랑하는 음식, 케밥

터키 인들은 자신들의 음식 문화에 대단한 긍지를 가지고 있다. 그들은 터키 요리는 중국, 프랑스 요리 와 함께 세계 3대 요리 중 하나에 속한다고 말한다. 터 키 민족들의 조상은 광활한 중앙아시아 땅을 누비던 유목 민족들이기 때문에 빠른 시간 내에 쉽고 간편하게 요리해서 먹는 생활에 익숙 해졌다.

그런 이유로 개발된 것으로 보여지는 케밥은 터키 인들이 가장 사랑하는 전통 음식 중 하나이다. 케밥은 육류를 조리한 것을 일컫는데 보통 꼬치구이를 가장 많이 떠올린다. 소고기, 양고기, 닭고기 등을 꼬챙이에 꿰어 숯불로 즉석에서 바비큐한 것이다.

터키 인들이 유목 생활을 했던 때에는 비교적 간편하고 단순한 케밥을 만들어 먹었다. 그러다가 터키 오스만 제국이 아나톨리아는 물론 지중해 일대를 장악 하는 거대한 제국을 형성하면서 여러 종류의 케밥이 개발되었다. 오스만 제국 에서는 호화로운 생활을 누리게 되면서 왕의 밥상에는 동일한 요리를 올려서 는 안 된다는 규칙이 세워졌기 때문이다.

이스탄불에 있는 토프카프 궁전에 가면 거대한 부엌이 있는데 여기에는 왕과 그 가족들을 위한 특별한 요리 장소가 구분되어 있다. 왕가를 위한 특별 요리 사가 여러 명 있었고 그들은 매일 새로운 요리를 개발하기 위해 애썼다.

그 뒤 터키 인들이 유럽의 여러 나라로 흘러들어 가면서 케밥은 유럽인뿐만 아 니라 아랍 인들이 즐기는 요리 중 하나가 되었다. 지금은 유럽의 고급 레스토 랑에서부터 대중식당에서도 일반적인 메뉴가 되었다.

이집트의 수도 카이로에서 나일 강 상류를 거슬러 올라가면 만나게 되는 도시 룩소르. 끝없는 사막과 바위산이 이어지다가 갑자기 나타나는 룩소르는 가슴을 설레게 하는 초록빛 도시이다. 고대에 테베라 불렸던 이곳은 이집트의 화려한 문화유산을 간직한 곳으로 잘 알려져 있다. 그 유명한 투탕카멘 왕의 무덤을 비롯해 룩소르 신전과 카르나크 신전 등이 이곳에 위치해 있다. 호메로스가 '100개의 관문을 가진 거대한 도성'이라 찬사를 보낸 룩소르는 장엄하고 화려한 이집트의 문화 유적들을 간직하고 있다.

신전과 조각으로 기록한 인류 최초의 문명

이집트
룩소르 Luxor

이집트 문명의 혼이 살아 숨 쉬는 도시, 룩소르

고대에는 테베Thebes 라 불렸던 이집트 남쪽에 위치한 룩소르는 조각과 신전들의 도시다. 룩소르 · 하부 · 카르나크 신전은 물론, 이집트 신왕국 시대의 뛰어난 파라오 람세스 2세의 무수한 동상들이 도시를 압도한다. 인류의 온갖 지혜와 과학적 지식이 총동원된 고대 문명의 압축이다.

카이로 일대가 대피라미드로 연상되는 이집트 고왕국의 중심이라면, 남쪽의 테베는 침입자 힉소스의 지배를 종식시키고 아모세 1세가 새로운 이집트를 건설한 곳이다. 그전까지만 해도 이집트 왕 파라오는 태양신, 살아 있는 신으로서 신정 정치를 펼쳤다. 하지만 파라오는 결국 침략자 앞에 무릎을 꿇었고, 이로 인해 신의 아들로서 그의 권위는 크게 손상되었다.

그러자 아모세 1세 이래 신왕국으로 접어들어 귀족과 사제들의 세력이 성장하면서 대중의 의식에도 획기적인 변화가 일어났다. 파라오만이 부활하여 영생불멸한다는 믿음에 의문이 생겼고, 귀족과

룩소르 대신전 입구에 줄지어 선 스핑크스

대중도 내세의 주인공이 되려 했다. 그들도 미라와 피라미드를 만들어 사후의 거주 공간을 준비하였다. 이제 이집트 신화는 너무나 인간적인 모습으로 대중의 삶을 대변해 주게 되었다. 파라오 중심의 역사에서 이집트 대중의 시대가 열렸던 곳이 바로 테베, 오늘날의 룩소르 일대이다.

3000년 전에 나일 강 상류에 화려한 문명의 꽃을 피웠던 왕묘와 신전의 도시, 이집트 문명의 혼과 대중적 신화가 살아 숨 쉬는 이곳 룩소르를 뺀다면 이집트 방문은 별다른 의미를 갖지 못할 것이다. 카이로를 출발한 야간 침대 열차는 나일 강을 거슬러 15시간을 달렸다. 짐 보따리를 멘 채 아무렇게나 누워 있는 이집트 사람들, 남루한 차림 사이로 새어 나오는 억센 이집트 방언은 밤새 신화를 엮어 냈다.

이집트의 느슨한 정서와 열차 시트에 매캐하게 배어 있는 역겨움까지도 룩소르를 간다는 흥분에 가려 즐거운 추억으로 여겨졌다. 이른 아침 룩소르 역에 도착했을 때, 역무원이 타 주던 진한 아랍 커피의 향내는 이집트의 유혹 그 자체나 다름없었다. 지금도 코끝에 남아 있는 그 커피의 잔향 때문에 또 다른 이집트 여행을 떠올리게 된다.

가장 완벽하고 가장 아름답고 가장 장엄한 신전, 카르나크

테베의 주신은 이집트 창세 신화에 등장하는 신인 아몬이었다. 이곳의 수많은 신전은 아몬을 위한 것이다. '정선된 성스러운 땅' 카르나크의 40만 평에 얼마나 많은 신전이 지어지고 또 폐허가 되었는지는 아무도 모른다. '100개의 관문을 가진 거대한 도성이었다'는 호메로스의 표현으로 미루어 짐작할 뿐이다. 다만 역사상 가장 장대한 신전이라는 카르나크의 아몬 대신전만이 지금까지 남아, 완벽한 예술성과 거대한 규모로 이방인을 압도하고 있다. 한때는 이집트의 모든 신전이 이곳에 복속되어 있었다고 전해진다.

입구 양쪽에 줄지어 선 양 머리 형상의 스핑크스 행렬 사이로 의장대의 사열을 받듯이 계단을 내려가면, 장엄한 134개로 된 열주의 행렬과 이 신전의 건설자인 람세스 2세의 거상이 나타난다. 원래는 지붕이 있었다고 하는데, 지금은 대부분 내려앉거나 없어져 태양빛이 바로 열주 사이를 비추고 있었다. 줄지어 늘어선 지붕 사이사이로 쏟아지는 태양빛의 향연, 그 신비로움과 화려함에 도저히 입을 다물

이집트에서 가장 규모가 큰 카르나크 신전은 아몬을 위해 세워진 신전으로, '아몬 신전'이라고도 불린다.

수가 없었다. 채색의 아름다움이 희미한 빛을 내뿜는 열주에는 신왕국의 마지막 영광을 누렸던 람세르 2세의 역사와 이집트의 신화가 상형 문자로 기록되어 있었다.

카르나크의 신전과 열주의 양식은 그리스 파르테논 신전의 그것과 닮아 있다. 파르테논 신전보다 1000년이나 앞서 세워진 카르나크 신전의 규모와 정교함이 오히려 돋보였다. 서구 문명의 뿌리를 로마와 그리스에 두고 검은 아프리카의 이집트와 동양의 오리엔트 문명과의 단절을 시도했던 유럽 인들의 오만이 너무나 적나라하게 드러나고 있었다. 이집트 문명이 그리스·로마 문명에 준 영향은 단순히 형태나 양식에 그치지 않는다. 미라와 파라오의 부활 사상은 그리스의 디오니소스 신앙으로 연결되어, 기독교 부활 사상의 바탕이 되었다.

태양 신앙의 상징인 오벨리스크

그뿐 아니라 이집트의 많은 신들은 이름을 바꾸고 옷을 갈아입어 그리스와 로마의 신으로 둔갑하였다. 그러나 흰 것만이 선이고 최고라고 믿었던 유럽 인들은 자신들의 가슴속에 뜨겁게 흐르고 있는 이집트의 정신을 느낄 수가 없었다. 그리스의 파르테논은 지금 유네스코가 지정한 인류 문화유산 제1호이지만 카르나크의 의의와 존재를 아는 사람은 몇이나 될는지.

죽음의 문화가 남긴 귀중한 인류의 유산

룩소르의 신전들은 태양이 떠오르는 나일의 동편에 있다. 그리고 태양이 지는 나일의 서편에는 예외 없이 이집트 인들의 묘지가 있다. '네크로폴리스' 라 불리는 서쪽 강변의 거대한 '죽음의 도시' 에는 파라오의 무덤군으로 유명한 왕가의 계곡과 왕비의 계곡, 장제전[1]들이 자리 잡고 있다. 신왕국 시대에 이르러 귀족과 사제 세력이 점차 성장하여 파라오의 권위에 도전하게 되자, 테베의 지방 신이었던 아몬

이집트
룩소르

1. 장례와 제사를 지내는 장소이다.

람세스 2세의 좌상과 입상이 있는 룩소르 신전

도 태양신 라Ra와 결합하여 최고신 '아몬-라'Amon-Ra로 승격하였다. 파라오만이 부활하여 불멸한다는 사상은 귀족과 일반 대중으로 파급되었고, 작은 규모의 수많은 피라미드가 룩소르의 네크로폴리스를 뒤덮었다. 하지만 그 피라미드들은 대부분 쉽게 손상되었고 도굴되었다. 그러자 파라오들은 깊은 계곡에 암벽을 뚫고 아무도 모르는 암굴 무덤 속에서 내세를 추구하였다. 황금 마스크와 부장품이 발견되면서 '20세기 최대의 발굴'이라 일컬어지고 있는 투탕카멘의 무덤도 바로 이곳에 있다.

1922년 12월 17일, 영국인 고고학자 하워드 카터Howard Carter는 캐너번 경Lord Carnavon과 함께 왕가의 계곡에서 오랜 기간에 걸친 발굴과 조사 끝에, 투탕카멘 왕묘의 문을 열었다. 전등 빛에 화려하게 반사된 묘실 속 황금이 보여 준 아름다움의 극치에 세계는 전율하였다. 시신의 형태 그대로 짠 관의 뚜껑에 그려진 소년의 모습은 방금이라도 말을 건넬 것 같은 생명력을 지니고 있었다. 미라의 얼굴을 덮고 있는 황금 마스크는 얼굴은 순금, 눈은 아라고나이트[2]와 흑요석, 눈썹과 속눈썹은 청색 유리로 만들어져 있었다. 무엇보다 카터를 감동

---

2. 선석이라 불리는 광물로 무색 · 백색 · 보라 · 노랑 · 초록 · 파랑색을 띠며 투명 또는 반투명하다.

시킨 것은 초상의 이마 위에 놓인 한 묶음의 화환이었다. 그것은 청상과부가 된 어린 왕비가 남편에게 바치는 마지막 작별의 선물이었던 것이다. 어린 나이에 등극하여 18세의 나이로 요절한 3400년 전의 투탕카멘의 왕묘는 이렇게 발견되었다. 투탕카멘의 황금 마스크와 관은 지금 카이로 고고학 박물관에서 생생한 모습으로 현대인과 대화를 나누고 있다.

수몰 위기에서 극적으로 구조된 아부 심벨 신전

룩소르를 빠져나와 아침 일찍 남쪽의 아스완으로 방향을 돌렸다. 그 근처에 있는 도시 이드푸에 호루스 신전이 있고, 무엇보다 아부 심벨 신전을 빠뜨릴 수 없었기 때문이다.

다섯 시간을 달려 아스완의 남쪽 나세르 호숫가에 있는 아부 심벨 신전에 도착했다. 신전 앞은 벌써 세계 각국에서 온 관광객들로 인산인해를 이루고 있었다. 이 신전은 람세스 2세가 태양신 아몬-라

룩소르에서 만난 사람들

와 공예·기술의 신 프타Ptah, 그리고 자신을 위해 건립한 것이라 한다. 거대한 신전 앞, 20미터 높이로 우뚝 서 있는 람세스 2세의 거상 네 개가 나를 반겼다. 그의 두 다리 사이에는 딸의 모습을 조각한 석상이 미소를 지으며 서 있다. 신전 내부에는 오시리스의 모습으로 형상화된 람세스 2세의 입상 여덟 개가 서 있었고, 카데시에서 벌어진 히타이트와의 대규모 전투[3]가 사실적으로 묘사되어 있었다. 고통스러워하는 병사들의 표정이나, 내뿜는 힘의 열기가 대열주실 벽면을 가득 채우며 벅찬 감동을 안겨 주었다.

무엇보다 아부 심벨 신전에 더욱 애착이 가는 것은 물속에 잠겨 있어야 할 위대한 인류의 축조물이 지상에 남아 있다는 사실 때문일 것이다. 관개 사업을 통한 농업 혁명을 내세우며, 이집트 정부가 아스완 댐을 건설했을 때, 아부 심벨도 나일 강가에 있는 무수한 신전과 함께 수몰될 운명에 놓였다.

유네스코를 중심으로 하는 문명 세계는 이 위대한 인류 유산을 살려야 한다고 목소리를 높였고, 인류 사회는 막대한 돈을 투자하여 원래의 위치보다 60미터나 높은 현재의 위치에 원형을 옮겨 놓는 데 성공

---

3. 시리아를 놓고 이집트의 람세스 2세와 히타이트의 무와탈리스 왕이 기원전 13세기경에 벌인 카데시 전투를 말한다. 기원전 1258년에 두 나라 사이에 화해 조약이 성립되어 전쟁이 끝났고, 결국 시리아는 히타이트로 넘어갔다.

했던 것이다. 하지만 조각조각 잘린 람세스의 근엄한 얼굴에는 현대인

의 무지를 꾸짖는 뼈아픈 충고가 서려 있는 듯했다.

아부 심벨 신전

룩소르의 대표적인 사상이 된
디오니소스

룩소르의 대표적인 사상인 디오니소스. 디오니소스는 최고의 신 제우스와 테베의 왕녀 세멜레 사이에서 태어난 아들로, 그리스 신화에 나오는 술의 신이다. 그는 태어날 때부터 큰 어려움을 겪었는데, 배 속에 있을 때 제우스의 아내 헤라의 말에 속아 어머니가 죽고, 이에 제우스는 세멜레의 배 속에서 디오니소스를 꺼내 자신의 넓적다리에 넣고 꿰맸다.

그 뒤 세상에 태어난 디오니소스는 거인들에게 사로잡혀 온몸이 찢겼지만, 제우스의 어머니인 레아의 도움으로 다시 부활했다. 여기서 디오니소스의 죽음과 부활에 관한 신화는 자연의 변화 과정을 보여 준다.

디오니소스는 미케네 문명에서 유래했다는 설이 있는가 하면, 테베에서 숭배된 신이라고 보는 학자도 있다. 일반적으로는 에게 해 연안에 살았던 고대 그리스의 여러 부족들 사이에서 새로운 계절의 변화를 가져다주는 신으로 숭배되었던 것 같다.

이집트 왕가의 대표적인 전제군주, 람세스 2세

람세스 2세는 라메세스(Ramesses) 2세라고도 불린다. 아버지 세티 1세 이후의 팔레스타인 정복을 계속하였으며, 치세 5년경에는 카데시에서 히타이트 왕 무와탈리스와 크게 싸웠으나 결전에 이르지 못하였다. 그 뒤 16년이라는 긴 세월을 승자도 패자도 없는 싸움으로 시달리다가 기원전 1258년 두 나라 사이에 화약이 성립되어 이집트는 시리아를 포기하고 말았다.

평온을 유지하는 가운데 기원전 1245년에는 히타이트의 왕녀가 왕에게 시집왔다. 그 무렵 서(西)델타에서 리비아 인과도 싸웠다. 왕은 여생을 각지의 신전 건조에 바치고, 델타 북동부에 왕도 페르라메스를 만들었으며, 아비도스·테베·누비아의 아부심벨 등에 신전·장례전(葬禮殿)·신문(神門) 등을 세웠다.

왕의 시대에 이집트 왕조의 융성기는 끝나고, 제20왕조의 왕들은 그를 모범으로 삼았다. 왕은 대표적인 전제군주로, 자신의 조상(彫像)을 각지에 남기어 자신을 과시하였다. 적어도 아들 52명을 포함 100명이 넘는 자손을 남긴 것으로 알려졌다. 1995년 왕가의 계곡에서 발견된 5호 고분은 이 왕의 가족묘로 추정되고 있다.

1962년에 132년간의 프랑스 식민지의 역사를 걷어치운 뒤로, 쿠데타가 끊이지 않았고 국가 원수가 수시로 바뀌는 등 하루도 조용할 날이 없었던 나라인 알제리! 프랑스의 소설가 알베르트 카뮈의 고향이고, 이방인, 페스트 등 그의 명작의 주무대가 되었던 땅이기도 하다. 그뿐 아니라 프랑스의 대문호 앙드레 지드가 알제리를 비롯한 아프리카 일대를 여행한 경험을 바탕으로 소설과 시, 회고록을 남기기도 했다. 이 모든 것이 아프리카의 뜨거운 햇빛과 지중해의 푸른 바닷물, 피로 얼룩진 역사가 빚어낸 산물일 것이다.

알제리
알제 Alger

카뮈와 지드의 정신적 고향

프랑스의 식민지에서 근대 아랍 도시로

우리나라에서 알제리로 향하는 여정은 그리 쉽지만은 않다. 서울에서 열한 시간을 날아 터키의 이스탄불에 도착하고, 다시 그곳에서 네 시간의 비행을 더 해야만 알제의 공항에 도착할 수 있으니 말이다. 원시의 지중해를 끼고 언덕 위에는 눈부시게 하얀 전통 가옥이, 그 아래는 역시나 눈처럼 새하얀 모스크와 성채들이 북아프리카 이슬람의 독특한 정취를 물씬 풍기는 도시, 알제가 눈에 들어왔다. 하얀 차도르를 걸친 여인들과 삼각형 고깔모자를 쓴 노인들이 눈웃음으로 반갑게 맞아 주고 있었다.

첫 인상은 미소에서 시작되었지만, 도심 곳곳에는 슬픈 역사의 흔적들이 여전히 남아 있었다. 너무 오랜 세월 이민족의 식민 지배를

아프리카와 지중해를 이어 주는 도시, 알제

받았기 때문이리라. 1830년에 프랑스 군대가 알제로 들어온 이후 1962년에 독립을 쟁취하기까지, 알제리는 무려 132년을 프랑스의 속박 아래 숨죽여 가며 처절한 독립 투쟁을 벌였다. 그동안 100만여 명이 조국 해방을 위해 목숨을 바쳤고, 200만 명이 넘는 사람들이 고향에서 쫓겨나 멀리 외지로 강제 이주당하는 서러움을 맛보아야 했다. 모스크는 성당으로 바뀌고 알제리의 전통과 역사는 심하게 왜곡되었다. 더욱이 모국어인 아랍 어 대신 프랑스 어를 쓸 것을 강요받았다. 그래서 지금도 프랑스 어는 아랍 어와 함께 공용어로, 어린아이부터 노인에 이르기까지 누구나 자유롭게 구사하고 있다.

고대 역사의 숨결이 묻어나는 수도, 알제

알제리의 주민 대부분은 7세기 무렵 이슬람교를 받아들였지만, 그들의 삶 속에는 고대 역사의 숨결이 여전히 묻어나고 있었다. 그 중심지가 바로 수도 알제다. 아랍 어로 '작은 섬'이란 뜻의 '알 자자이르'

---

1. 1529년, 오스만 투르크 제국이 이 지방의 지배를 공고히 하기 위해 항구를 건설했다. 그러나 그 이전에도 이곳은 중요한 요충지였는데, 기원전 720년경에 카르타고 시대에는 '이코심(Icosim)', 로마 시대에 와서는 '이코시움(Icosium)'이라 불리며 지중해를 호령했다.

라 불리는 이곳은 기원전 12세기 고대 페니키아 시절부터 중요한 항구 도시였고,[1] 10세기경에는 유럽과 북아프리카를 연결하는 아랍의 교역 도시로 성장했다. 그 때문인지 국제 교역의 요충지였던 알제 항구는 일찍부터 외세는 물론 해적들의 주된 공격 목표가 되었다. 결국 16세기, 오스만 투르크 제국의 지배를 받아야 했지만, 이것을 발판으로 삼아 발전을 거듭하기 시작했다. 지금 남아 있는 성채나 모스크, 마드라사 등은 이 시기에 건축된 것이 대부분이다.

독립 투쟁의 산고를 치른 순박한 사람들

가까이서 알제를 호흡하기 위해 언덕을 내려와 해안가 구시가로 들어섰다. 알제 시민들이 모이고 시내버스가 집결하는 중심지인 순교자 광장에 서니, 11세기에 건립된 '제마 알 카비르'라 불리는 거대한 모스크가 눈에 띈다. 겉모습부터 다른 이슬람 국가에서 보던 것과 무척이나 달랐다. 중앙 돔을 흰색과 베이지 계통의 밝은 색 돌로 꾸며

그랜드 모스크

지중해와 사하라라는 두 개의 서로 다른 생태 환경을 잘 표현하고 있었다. 또한 '미나레트'라는 첨탑을 직사면체로 높이 쌓아 각 면에 정교한 조각을 새겨 놓았다. 이는 북아프리카 이슬람 건축의 특징을 잘 보여 준다. 이 직사면체 미나레트 건축 기법은 모로코와 지브롤터 해협을 거쳐 에스파냐 남부 안달루시아 건축으로 이어졌고, 그 뒤 가톨릭 대성당인 카테드랄의 종탑에도 영향을 미쳤다. 여느 이슬람 도시가 그렇듯이 이곳에도 웅장한 모스크가 중심에 위치하고 목욕탕과 도서관, 관공서와 박물관 그리고 큰 시장인 바자르가 펼쳐져 있었다.

끝없이 이어지는 인파들 사이로 여기저기 복잡하게 나 있는 골목길이 보였다. 그 사이로 각양각색의 상품들이 제 주인을 기다리며 흥정되고 있어서, 이곳이야말로 역동적인 삶의 공간이라는 생각이 들었다. 그곳 사람들은 무척이나 친절하고 따뜻했다. 비록 남루한 옷차림이었지만 마음까지 남루하지는 않았다. 사람 사는 겉모습이나 경

프랑스 식민 시대에 건축된 아프리카의 노테르담 성당

148

제 수준만 보고, 그 나라 역사와 민족성의 깊이를 쉽게 판단해 버리는 편협한 사고는 일찌감치 버려야 한다는 진리를 이곳에서 다시 한 번 뼈저리게 깨달았다.

골목길을 따라 올라가면 카사바라 불리는 오스만 제국 시대의 마을이 나타난다. 알제에서 가장 오래된 역사 구역이고 가장 가난한 사람들이 모여 사는 곳이다. 나는 알제 주민들과 친구가 되어 그들의 삶 구석구석을 들여다볼 기회까지 만끽했다. 수백 년 된 목욕탕인 함맘은 아직도 따스한 기운이 피어오르고 있었다. 길에서 만난 꼬마는 꼬불꼬불한 골목길을 따라 한참 동안 우리를 안내하더니, 어느 집 앞에서 멈춰 섰다. 알제리 독립을 위해 애쓰던 독립 투사들이 1957년에 프랑스의 공격을 받고 순교한 곳이라고 했다. 그 앞에서 옷매무새를 고치고 잠시 묵념을 했다. 우리도 똑같은 독립의 험난한 과정을 거치지 않았던가를 떠올리며…….

알제리 ●
알제

카사바의 어느 골목

공존과 핍박의 역사, 그 흔적들

비가 추적추적 내리는 날이면 사람들은 한 푼이라도 싸게 물건을 구입하겠다고 시장으로 쏟아져 나온다. 그 사이를 오가다 마침 문을 연 카페에 들러 차 한 잔을 주문했다. 홍차에 설탕을 잔뜩 넣고 박하 잎을 띠운 '샤이 아흐다르'를 앞에 두고 창밖을 내다보았다. 청과물 시장 맞은편으로 자그마한 모스크가 눈에 들어 왔다. 그런데 건축 구조가 무척 생소했다. 주위 사람들에게 물어보니 최근까지 유대 인의 예배 장소로 쓰였던 곳이라고 했다. 1492년, 에스파냐에 살던 유대 인들은 이사벨 1세Isabel I, 1451~1504가 내린 인종 청소와 강제 추방이라는 형벌[2]을 피해 이곳에 자리 잡은 뒤, 같은 하느님을 믿는 형제로서 평화롭게 공존해 왔다. 500여 년에 걸친 기나긴 협력과 공존은 1992년 이슬람 과격 세력들이 외국인을 표적으로 공격하면서 깨어지고 말았다. 어쩔 수 없이 유대 인들은 쓸쓸히 떠나야만 했다.

구시가에 발길을 돌려 신시가 중심지로 방향을 틀었다. 체 게바라 거리를 따라 해안가로 20분 정도 걸어가다가 서쪽 언덕으로 방향을

---

2. 10세기 중반, 에스파냐에 세워진 카스티야 왕국의 여왕 이사벨 1세는 이베리아 반도를 통일한 인물로 유명하다. 그녀는 이베리아 반도에 남은 최후의 이슬람 왕국인 그라나다 공략을 목표로 진격했다. 1478년에 이단 심문소를 설치하여 특히 유대 인 개종자를 가혹하게 탄압했다. 1492년에는 유대 인 추방령을 내렸고, 1502년에 이슬람교도에 대해서는 개종 아니면 국외 추방을 강요해 종교의 통일을 도모했다.

바꾸면 너른 광장에 기마 동상 하나가 서 있다. 에미르 압둘 카디르의 동상이다. 19세기 알제리 서부에서 프랑스에 저항하며 조국의 해방을 위해 평생을 바친 독립 투사다. 알제리 사람이면 누구나 존경하고 따르는 인물이라고 한다. 우리의 안중근1879~1910 의사라고 할 수 있지 않을까 싶은 생각이 문득 떠올랐다.

알제 대학과 타파사, 그리고 카뮈

여기서 조금만 벗어나면 10만 대학생을 수용하는 알제 대학을 찾아볼 수 있다. 가까이에 대학이 자리하고 있어서인지 이 일대는 카페와 레스토랑, 패션 명품점까지 들어서 있었다. 그 사이를 지나 알제 대학 도서관 안으로 들어섰다. 19세기 이전에 편찬된 귀중본만 100만 권 이상을 소장하고 있는 북아프리카 최대 도서관 중의 하나니, 알제에 와서 이곳을 찾지 않을 수 없었던 것이다.

운이 좋았던지 이 도서관 관장의 특별 배려로 전 세계에서 단 한

알제리
알제

알제 시내

부 밖에 남아 있지 않다는 1859년 판 카뮈의 형이상학, 기독교, 신플라톤주의라는 빨간 표지의 책을 볼 수 있었다. 그때의 짜릿한 기분이란, 정말 말로 형용하기 어려웠다.

알제 대학 뿐만 아니라 로마와 비잔틴 시대의 화려한 고대 유적지인 티파사에서도 카뮈를 추억해 볼 수 있다. 티파사라면, 카뮈의 산문 티파사에서의 결혼이란 작품을 탄생시킨 무대가 아닌가. 알제에서 서쪽으로 70킬로미터 정도 떨어져 있는 티파사로 가는 해변 길은 풍요와 은총으로 가득했다. 흑갈색 땅에서는 옥수수가 자라고 그 사이로 푸른 채소밭이 끝없이 펼쳐져 있었다.

드디어 티파사에 도착했다. 북아프리카 해변 한 쪽에 이렇게 장대한 고대 유적지가 숨어 있으리라고는 상상조차 하지 못했다. 잡풀이 무성하고 이름 모를 열대의 붉은 꽃들이 어지럽게 피어 있어서 더욱 아름다운 고대의 역사 공간이었다. 유네스코는 초라해 보이지만 유서 깊은 이 유적지를 세계 문화유산으로 지정해 그 의미를 기리고 있었다.

빨간 표지의 1859년 판 카뮈의 《형이상학, 기독교, 신플라톤주의》

카뮈가 거닐었을 이 길을 따라 걸으며, 단절된 역사의 향기에 취해 보았다. 오래된 유적지는 고대 페니키아 시대까지 거슬러 올라간다지만 원형 극장이나 신전, 바실리카 등 대부분의 유적들이 비잔틴 시대의 유산이었다. 유적지가 끝나는 막다른 지점까지 다다르자 언덕 아래로 세찬 물살이 하얀 물거품을 일으키며 바다와 닿아 있었다. 북아프리카의 지중해다. 그리고 그 건너편이 바로 프랑스 땅이다.

그러고 보니 알제에서 사하라 사막을 가로질러 알제리 남쪽의 타만라세까지가 무려 2000킬로미터에 이르니, 알제에서 파리까지의 거리보다 멀다는 생각이 들었다. 사하라를 무대로 유목 생활을 하는 알제리 토착민 투아레그 족이나 베르베르 족들의 전통과 관습보다 로마나 유럽의 해양 문화가 더 강하게, 더 빨리 스며들 수밖에 없는 북아프리카 문화의 특성이 이제야 이해가 될 듯했다. 문화는 섞일수록 발전하고, 서로의 다양성은 이해하고 받아들일수록 더욱 아름답게 빛난다는 사실을 북아프리카 최고의 해안 도시 알제에서도 다시 한 번 확인할 수 있었다.

알제리 박물관 바닥의 정교한 모자이크 그림

알제리가 낳은
실존주의 철학자 까뮈

까뮈는 프랑스의 작가이자 평론가이지만 알제리의 몽도비 태생이다. 그는 태어난 지 얼마 되지 않아 제1차 세계대전을 맞이했다. 그는 1914년에 아버지가 말른에서 전사함으로써 에스파냐 인인 어머니와 가난한 생활을 했으며, 고학으로 알제 대학을 졸업했다.

카뮈는 알제 대학 재학 중에 평생 동안 스승으로 여기게 된 철학 교수 장 그르니에를 만나 깊은 영향을 받았다. 그르니에는 카뮈가 문학과 철학 사상을 계발할 수 있게 도와주었고, 축구에 대한 열정을 함께 나누었다.

한때 연극에 뜻을 두어 희곡 등도 쓰고, 직접 공연을 하기도 했던 그는 소설 〈이방인(1942년)〉, 평론 〈시지프스의 신화(1942년)〉를 발표하여 명성을 얻었다. 그 외에도 여러 편의 소설과 희곡 등을 썼는데 놀랍게도 1857년에 그의 전 작품에 노벨상이 수여되었다고 한다.

고대 유적의 보고, 티파사

알제리에는 로마 시대의 유적만도 제밀라 (Djemila), 티파사(Tipaza), 팀가드(Timgard) 등 수없이 많다. 이 세 곳 모두 1982년 유네스코에 서 세계 문화유산으로 지정했다. 그중 티파사는 알 제 서쪽으로 68킬로미터 지점, 지중해 연안에 있다. 기원전 5세기부터 페니키아의 전초지였으며, 뒤에 고대 국가 라티움의 식민지 가 되었고, 1~2세기에는 로마의 식민지가 되었다. 고대 카르타고 무역의 중 심지였으나 로마에 정복된 뒤 모리타니아 왕국 정복을 위한 군사적 전략 기지 로 변모했다. 전설에 따르면 4세기에 이곳에서 성(聖) 살사가 순교했고, 이후 그리스도교도와 도나투스파가 서로 정통성을 주장하며 각축을 벌여 5세기 말 에는 마을이 완전히 피폐화되었다.

이곳에는 모리타니아 왕릉을 비롯하여 토착민 기념물과 비잔틴, 초기 그리스 도교, 로마, 페니키아 인들의 유적이 산재해 있다. 유적지로 로마 시대의 공공 광장(forum)과 원로원, 네 군데의 온천, 극장, 그리고 9열의 신도석을 갖춘 커 다란 대성당 등이 있다. 지금의 마을은 1857년에 건설되었으며, 포도 재배로 유명하다.

캄보디아의 앙코르 와트는 유네스코가 뽑은 현존하는 '세계 7대 불가사의'의 하나로 잘 알려져 있는 유적이다. 400여 년 동안이나 밀림 속에 숨어 있다가 1860년에 비로소 발견된 이곳은, 그 웅장함과 신비로움이 보는 이를 매료시킨다. 앙코르 와트는 화려하면서도 경건한 매력을 간직하고 있어 '신들의 정원'이라 불리기에 손색이 없다.

캄보디아
앙코르 와트
Angkor Wat

화려한 신들의 나들이

신들의 세계로 들어가다

그 이름만으로도 우리에게 신비함을 안겨 주는 캄보디아의 앙코르 와트. 말로는 도저히 표현할 수 없을 정도로 특별한 느낌을 주는 이곳은, 보는 순간마다, 보는 장소마다, 보는 사람마다 모두 다른 느낌을 전해 준다. 그래서 앙코르 와트를 찾는 사람들은 먼저 유적지의 웅대함에 놀라고, 고색창연한 건축물의 신비로움과 인류의 위대함에 또 한 번 매료된다.

앙코르 와트는 흔히 알려진 것처럼 12세기 중반에 완성된 힌두교 사원이다. 그렇지만 일반적으로 앙코르 와트라 하면, 앙코르 왕조 시대[1]에 만들어진 시엠레아브 외곽에 넓게 펼쳐져 있는 거대한 유적군을 모두 일컫는다. 앙코르는 '왕도王都', 와트는 '사원'이라는 뜻이니, 어찌 보면 앙코르 와트는 '왕의 사원'인 셈이다. 그 넓은 앙코르 와트를 자신의 정원으로 삼을 정도라니, 그 당시 왕의 권위는 우리의 상상을 초월했던 듯 싶다.

앙코르 와트는 1960년, 프랑스의 동식물학자인 앙리 무어Henri

---

1. 크메르 족이 세운 나라인 캄보디아의 역사 가운데 일반적으로 9~15세기 중반까지를 앙코르 왕조 시기라고 한다. 12세기 인도 문명의 큰 영향을 받아 앙코르 문화의 기초를 쌓으며 번성한 앙코르 왕조는, 13~14세기에 이르러 동쪽에 있는 베트남과 서쪽에 있는 타이의 힘이 강해지자 쇠퇴하기 시작했다. 결국 앙코르 왕조는 이들의 압력에 눌려 수도인 앙코르를 포기하고 캄보디아 남부의 프놈펜으로 수도를 옮겼고, 나라 이름도 크메르로 바꾸었다.

Mahout, 1826~1861가 세상에 알릴 때까지 밀림 속에 묻혀 있었다. 밀림 속 평원에 누가 왜 이렇게 거대한 사원을 지었을까? 그 옛날 앙코르 사람들은 신의 대리인인 왕이 죽으면 신과 합일한다고 믿었다. 그래서 앙코르의 왕들은 자신과 합일할 신을 위해 사원을 짓곤 했다. 앙코르 와트는 왕조의 전성기를 이룬 수리아바르만 2세Suryavarman Ⅱ, ?~1150?가 힌두교 주신主神의 하나인 비슈누[2]와 합일하기 위해 건립한 사원이다.

드디어 '신들의 정원'으로 가는 길, 설레는 마음을 다잡아 안고 시엠레아브 공항에 내려 곧장 앙코르 와트로 향했다. 인구 7만의 자그마한 도시 시엠레아브는 열대 나무의 숲과 평원이 번갈아 나타나는 아늑한 마을이다. 남루한 농민들 사이로 거칠 것 없이 거리를 활보하는 세계 각지에서 몰려든 관광객들, 언뜻 보아도 농민들보다 그들의 수가 더 많아 보였다. 관광 수입으로 캄보디아 경제를 지탱하는 시엠레아브의 중요성을 새삼 실감하는 순간이었다.

멀리서 바라본 앙코르 와트의 모습

지상 최대의 석조 건물, 앙코르 와트

북쪽으로 한 시간도 채 달리지 않았는데 멀리 새하얀 구름 사이로 다섯 개의 붉은 탑이 그 모습을 드러냈다. 아, 앙코르 와트! 말로만 듣던 앙코르 와트가 '바라이'라 불리는 해자[3]를 사이에 두고 나와 마주하고 있었다. 동서남북으로 1500미터나 뻗어 있는 장대한 벽면을 따라, 600년의 역사를 지닌 앙코르의 숨결이 새록새록 전해져 오는 것 같았다. 앙코르 와트의 상징처럼 우뚝 서 있는 중앙 탑은 높이가 67미터나 된다고 한다. 연꽃 모양으로 되어 있는 이 탑의 정상은 힌두교에서 세상의 중심으로 여기는 메루 산을 표현한 것이다.[4]

마침내 그 넓이가 무려 200미터나 되는, 깊고 무한한 대양을 의미하는 바라이의 다리를 건너 사원 안으로 들어갔다. 힌두교에서는 바라이가 현세와 내세를 이어 준다고 여긴다 하니, 이제 우리는 인간의 땅을 지나 신성한 세상으로 발을 들여놓은 셈이다. 과연 그곳에는 인간 세상이라 생각하기 힘들 정도로 장엄한 '신들의 세상'이 펼쳐져 있었다.

캄보디아
앙코르 와트

2. 힌두교는 일본의 신도만큼이나 많은 신이 존재하는 종교의 하나로 꼽힌다. 이 가운데 힌두교에서 가장 중요한 신은, 창조의 신인 '브라마'와 유지와 재생의 신인 '비슈누' 그리고 파괴의 신인 '시바'다.
3. 성과 육지 사이에 깊은 연못을 파서 물을 채워 놓은 곳이다.
4. 앙코르 와트는 앙코르 인의 독특한 우주관이 나타나 있는 건축물이다. 먼저 중심 사원과 네 개의 망루 그리고 첨탑들은 지상의 중심에 위치한다는 성스러운 산인 메루 산을 나타낸다. 그리고 이를 둘러싼 성벽은 장대한 히말라야를 표현한 것이며, 성벽 바깥의 바라이는 깊고 넓은 대양을 상징한다.

800미터나 되는 기다란 1층 회랑의 벽면은 온통 부조로 조각되어 있었다. 힌두 신화에 나오는, 우유의 바다를 젓고 있는 신과 악마의 모습,[5] 지옥에서 잔혹한 형벌을 받는 인간들의 고통스러운 표정을 보고 있노라니 마치 고대 신화 속으로 빨려 들어가고 있는 느낌이었다. 또 이 사원을 지은 수리아바르만 2세의 전투 장면과 그의 업적, 그 당시 사회상을 짐작하게 하는 앙코르 사람들의 생생한 삶의 모습이 담긴 조각 작품은 한 편의 웅장한 서사시이자 생생한 역사의 기록이나 마찬가지였다.

오랫동안 자신의 이야기를 들어 줄 사람들을 기다리고 있었다는 듯, 서로 자기에게 오라고 손짓하는 온갖 모습을 한 신들. 이들은 잠시도 쉬지 않고 전설과 역사, 영웅담과 신들의 미묘한 사랑 이야기까지도 모두 나에게 쏟아 놓았다. 정지된 시간, 잠시 과거로 돌아간 나는 살아 있는 생생한 신들에게서 지난 역사의 긴긴 이야기를 전설처럼 전해 들었다.

다시 정신을 가다듬고 앙코르 와트 사원 내부를 찬찬히 살펴보았다. 내부는 멀리서 볼 때와는 달리 3층의 단으로 설계되어 있었다.

---

5. 신과 악마가 불로장생의 묘약을 만들기 위해 1000년간 우유의 바다를 젓고 있다는 힌두 신화를 말한다.

온갖 부조로 장식되어 있는 길고 긴 1층 회랑을 지나 2층으로 올라가
니, 고승들이 수도하던 수련실을 볼 수 있었다. 걸음을 옮겨 3층으로
올라가자 왕과 승려들만이 출입할 수 있는 신전, 탑, 목욕탕 등이 눈
에 들어왔다. 특히 2층에서 3층으로 오르기 위해서는 경사가 80도나
되는 수십 개의 가파른 돌계단을 이용해야 했다. 그렇게 고통의 길을
거쳐 신의 세계에 이르니, 사원 뜰 한 가득 내려앉아 있는 경건하고
은은한 향취가 나를 반겼다.

지상 최대의 석조 사원 앙코르 와트

앙코르 톰에서 '크메르의 미소'를 만나다

이렇듯 빼어난 문화 유적을 만들어 낸 앙코르 왕조의 공식 나라명은 '캄부자'였다. 802년에 건립되어 1431년 타이의 아유타야 왕조 1350~1767의 지배를 받기 전까지, 600년 이상 캄보디아의 메콩 강 일대에서 독창적이고 수준 높은 문화를 일구었다. 이 왕조의 진면목을 보기 위해서는 아무래도 앙코르 왕조의 '심장'인 앙코르 톰Angkor Thom 을 들러 보지 않으면 안 된다.

앙코르 톰은 그 당시 인구 100만이 살았다는 앙코르 왕조의 마지막 수도로, 그 둘레만도 12킬로미터에 이르는 거대한 성곽 도시다. 단일 사원인 앙코르 와트보다 조금 늦은 1181년부터 1219년 사이에 건설되었으며, 앙코르 왕조 사상 가장 위대한 통치자였던 자야바르만 7세Jayavarman VII, 1125?~1218? 가 건립한 것으로 알려져 있다.

앙코르 와트에서 1.5킬로미터 정도 떨어져 있는 앙코르 톰은 '위대한 도시'라는 이름에 걸맞게 웅장한 규모를 자랑하고 있었다. 도시로 들어가기 위해 남문 입구에 도착하자, 모두 108개나 되는 신상이

앙코르 톰 남문 입구

좌우로 줄지어 늘어서 나를 환영해 주었다. 자세히 보니 얼굴 모양이 서로 정반대였다. 왼쪽에 있는 쉰네 개의 신은 험상궂은 악신惡神이고, 오른쪽 쉰네 개의 신은 온화한 미소를 머금은 선신善神이었다. 그들은 커다란 뱀의 몸뚱이를 밧줄처럼 껴안고 선악의 줄다리기를 하고 있었다.

도성 안으로 들어가니 바욘Bayon, 바푸온Baphuon 등 여러 개의 사원이 눈에 띄었다. 특히 무엇보다 관음보살의 얼굴이 사면에 새겨져 있는 돌탑이 가장 먼저 눈길을 끌었다. 그런데 힌두교를 믿는 앙코르 왕조의 수도에 왜 갑자기 불교 유적이 등장하는 것일까? 그 의문은 앙코르 톰을 지은 자야바르만 7세가 신실한 불교 신자였다는 이야기를 듣는 순간 단번에 풀렸다. 그는 힌두교 대신 불교를 받아들여 도성 안에 많은 불교 건축물을 남겼는데, 그 대표적인 것이 바로 바욘 사원이었던 것이다.

도시의 가장 중심에 자리한 바욘 사원 주변에는 관음보살의 얼굴이 새겨진 돌탑이 수십 개나 세워져 있었다. 사면에 새겨져 있는 관음보살의 얼굴은 '크메르의 미소'라 불릴 만큼 온화하면서도 다정한 미소를 머금고 있었다. 세상살이의 고단함을 어루만져 주는 듯한 그 따뜻한 미소에, 잠시 걸음을 멈추고 관음보살의 얼굴을 바라보았다. 한 치의 틈도 허용하지 않는 단단한 사암에 그 옛날 앙코르 인들은 어떻게 이토록 인자하고 온화한 얼굴을 조각할 수 있었을까? 밀림에 버려진 채 우리의 기억에서 잊힐 뻔했던, 앙코르 문화의 우수성과 정교한 예술성을 다시 한 번 실감할 수 있었다.

발길을 옮겨 바욘 사원 북서쪽에 있는 코끼리 테라스로 향했다. 가까이 가서 보니 높이가 4미터는 됨직한 벽면에, 전쟁에 나서는 실물 크기의 코끼리와 군대 행렬이 조각되어 있었다. 장엄하고 화려한 군대 행렬에서는 그 당시 앙코르 왕조를 지배했던 자야바르만 7세의 절대적인 권위가 느껴지는 듯했다.

수많은 유적들이 여기저기서 유혹하는 앙코르 톰을 나와 동쪽으

바욘 사원

로 발길을 돌렸다. 아무리 바빠도 앙코르 왕조 최대 규모의 불교 사원인 타 프롬Ta Prohm을 보지 않고 이곳을 떠날 수는 없기 때문이다. 타 프롬 사원은 자야바르만 7세가 자신의 어머니를 위해 지은 것으로, 한때 이 사원에 3140개의 마을이 속해 있었고 사원 관리인만 8만 명 정도였다니, 그 규모를 짐작하고도 남았다. 그런데 사원 입구에서부터 믿기지 않는 광경을 목격할 수 있었다. 오랜 세월 동안 밀림에 그대로 방치된 탓에, 엄청난 번식력을 가진 아름드리 보리수나무와 열대 무화과나무의 굵은 뿌리, 가지들이 이미 사원 곳곳을 삼켜 버린 상태였던 것이다. 뿌리는 유적지 깊숙한 곳까지 파고들어 갔고, 나뭇가지가 벽면을 뚫고 들어가 사원 건축물을 끌어안고 있었다. 세계 문화유산을 관리하는 유네스코조차 나무뿌리를 잘라 유적을 파괴시키느니 차라리 지금 이대로 보존하는 편을 택했다고 한다.

보리수나무와 무화과나무가 삼켜 버린 타 프롬 사원 곳곳

착잡한 마음으로 시엠레아브로 돌아오는데 마치 바다처럼 보이는 거대한 호수가 나타났다. 아시아에서 최대 규모를 자랑하는 담수호인 톤레사프 호수였다. 그러고 보니 앙코르 와트는 바로 톤레사프 호수 상류가 시작되는 지점에 위치해 있었다. 캄보디아 사람들에게 톤레사프는 단순한 호수가 아니다. 신들이 노니는 신성한 물이며, 삶의 기반이다. 끝도 보이지 않는 넓은 호수를 따라 수상 가옥들이 줄지어 서 있고, 호수 주변에는 뛰노는 아이들과 더불어 새끼 돼지와 닭들이 한가로이 몰려다니고 있었다. 그들은 이 물을 마시고, 이 물에 찌꺼기를 버리고, 또 이 물속에 사는 고기를 잡아먹고 살아간다. 톤레사프의 물은 그들에게 풍요와 신성함을 약속했지만, 오늘날 호수 위의 삶은 지독한 가난과 초라함으로 가득 차 있다.

한때 캄보디아 인들은 그 누구도 흉내 낼 수 없었던 독특한 문화를 일구었고, 앙코르 와트라는 위대한 사원을 지을 정도로 최고의 예술성을 꽃피웠던 민족이다. 그런 그들이 왜 지금은 이 땅에서 누구보

톤레사프 호수

다도 힘들게 살아가고 있는 것일까? 캄보디아의 가난과 혼란을 보고 있으면, 이 나라를 '킬링 필드Killing Fields'로 알려지게 한 끔찍한 역사적 과오가 떠오르지 않을 수 없다. 1975년 부패한 시아누크N. Sihanouk, 1922~ 왕을 몰아내고 새로운 세상을 만들겠다던 폴 포트Pol Pot, 1925~1998의 공산 정권은 1979년에 몰락할 때까지 180만여 명에 이르는 반대파를 무자비하게 숙청했다. 그 과정에서 수많은 지식인과 자본가, 승려, 예술가 들이 인민의 적으로 간주되어 처형당하거나 국외로 추방되었다. 나라의 지식 기반이 송두리째 날아가 버린 것이다.

오만과 야욕에 가득 찬 민족은 결코 앞으로 나아갈 수 없다. 오늘날 캄보디아를 바라보며 우리는 이러한 역사적 교훈을 다시 한 번 확인할 수 있다. 그래도 나는 톤레사프 호숫가에서 헤엄치고 뛰놀던 해맑은 아이들의 눈망울에서, 캄보디아 땅에 다시 움트고 있는 희망의 싹을 보았다. 그리고 한때 세계 최고의 문화적 역량을 자랑했던 앙코르 와트의 정신과 수많은 신들이 아직도 그들의 삶 속에 살아 있음을 느꼈다. 이제 새롭게 태어난 캄보디아는 옛 선인과 신들의 보호 아래 다시 찬란한 문명을 꽃피울 것이라 믿는다.

캄보디아 앙코르 와트

수상 가옥에서 살아가는 사람들

> 앙코르 와트에서 만난
> **문화 이야기**

앙코르 와트를 탄생시킨
힌두교의 주요신 비슈누

비슈누는 세계를 지키고 유지하며 다르마(도덕률)의 원상
복구자로 숭배된다. 힌두교의 또다른 주요신인 시바처럼
비슈누도 작은 종파의 여러 신들과 지방의 영웅들을 결합
한 복합적인 신이다. 그는 주로 자신의 아바타라(化身),
특히 라마와 크리슈나를 통해 알려져 있다.
비슈누는 〈리그베다(기원전 1400경~1000)〉의 몇몇 찬가에서 태양과 관련
되어 있으며 세 걸음으로 우주를 건넜다는 유명한 전설과 연계되어 있다.
비슈누는 악과 싸울 필요가 있을 때마다 자신의 어느 부분이라도 나타내기
때문에 화신이 수없이 많지만 실제로는 열 가지가 가장 널리 알려져 있다.
사원의 비슈누 신앙은 배우자인 락슈미(슈리라고도 함)와 부미데비(대지의
여신)를 거느리고 앉아 있거나, 여러 가지 무기를 들고 서 있다. 또는 주기
적으로 세계가 소멸하고 다시 생겨나는 시기 동안 우주의 바다에서 똬리를
튼 세샤에 기대어 잠들어 있는 모습으로 묘사된다. 서 있는 비슈누는 왕족
의 옷을 입고 네 손(때로는 두 손)에는 소라·바퀴·곤봉·연꽃을 들고 있다.
가슴에는 그의 불멸성의 상징인 '슈리바트사'라고 알려진 곱슬거리는 털
이 있고 목에는 행운석 카우스투바를 걸고 있다.

수리아바르만 2세와
앙코르 와트

세계에서 가장 큰 종교 건축물인 앙코르 와트를 세운 인물은 크메르의 왕이었던 수리아바르만 2세이다. 그는 1113년 무렵 경쟁자를 물리치고 왕위에 올라 50년 이상 계속된 혼란상을 끝내고 분열된 국가를 다시 통합하였다.

앙코르 와트에서 만난
인물 이야기

또한 최고신인 비슈누와 시바를 모시는 힌두교의 여러 신비종파를 결합시켰으며, 과거 얼마 동안 번영한 불교 대신 비슈누교를 공식국교로 선포했다. 그리고 통치 초기부터 비슈누 신에게 바치기 위해 앙코르 와트를 짓기 시작했으나 그가 죽을 때까지도 완성되지 못했다. 벽과 해자(垓字)로 둘러싸여 있는 사원 건물들은 그를 비슈누 신으로 묘사한 조각들로 장식되어 있다. 조각들은 그가 군대를 사열하고 사람들을 접견하는 등 군주로서의 역할을 수행하는 장면을 묘사하고 있다.

파키스탄 제2의 도시인 라호르는 인도의 델리·아그라와 더불어 이슬람 문화의 중심지로 중요한 위치를 차지하고 있다. 특히 이슬람 왕조였던 무굴 제국의 수도로 번성했던 까닭에, 라호르에는 지금도 많은 이슬람 문화 유적과 유물이 남아 있다. 세계에서 두 번째로 큰 바드샤히 모스크, 아름다운 궁정 요새인 라호르 성채 등 화려하고 장대한 이슬람 유적을 구경하다 보면 무굴 제국 영광의 시대가 지금도 계속되고 있는 듯 느껴질 정도다.

파키스탄
라호르 Lahore

이슬람 문화의 화려함과 역동성이
살아 숨 쉬는 도시

무굴 제국의 중심 도시, 라호르

인도의 마지막 통일 왕조인 무굴 제국의 중심 도시로 널리 이름을 떨쳤던 파키스탄[1]의 라호르. 그렇기에 "라호르를 보지 않으면 세상에 태어나지 않은 것과 같다."라는 말이 있을 정도로, 라호르는 갖가지 문화 유적과 예술품 등 볼거리로 가득하다.

무굴 제국은 15~18세기에 인도 대륙에서 번성한 이슬람 왕조로, 바부르Bābur, 1482~1530가 건국한 것으로 알려져 있다. 투르크계였던 바부르는 어려서부터 조상들이 세웠던 티무르 제국[2]의 부흥을 꿈꾸며 자랐다. 바부르의 아버지도 티무르 제국의 옛 수도인 사마르칸트를 회복하는 데 일생을 바쳤다. 그러나 바부르는 1491년과 1503년, 두 차례에 걸친 전쟁에서 사마르칸트 점령에 실패하자, 아예 아프가니스탄의 카불과 간다라 지방을 정복하고 인도 북부로 관심을 돌렸다.

바부르는 1526년 4월, 인도 로디 왕국의 마지막 술탄인 이브라힘 왕을 격파하고 사흘 만에 델리를 점령하여, 스스로 파디샤padishah, 이슬람 국가의 군주임을 선포했다. 이로써 바부르는 중앙아시아와 인도 대륙

---

1. 세계 4대 문명의 하나인 인더스 문명의 발상지로 잘 알려져 있다. 원래 인도와 한 나라였으나, 1947년 8월 힌두교 국가인 인도에서 떨어져 나와, 인도를 사이에 두고 1800킬로미터나 떨어진 동·서 두 개의 지역으로 구성된 역사상 보기 드문 국가로 독립하였다. 그 뒤, 1971년에는 계속되는 정치적 불안과 언어·자치권 등의 문제로 동파키스탄이 방글라데시로 독립하였다.
2. 티무르와 그의 자손이 지배했던 대제국(1369~1508)으로, 옛 몽골 제국 영토의 대부분을 차지하였다.

의 광활한 영토를 손에 넣고 무굴 제국의 초석을 다지게 되었다.

무굴 제국은 아크바르Akbar, 1542~1605 대제 때 번영기를 맞이했다. 이때 무굴 제국은 북인도의 모든 지역을 지배하면서 데칸과 벵골 만, 아라비아 해에 이르는 대제국을 건설하였다. 특히 아크바르 대제는 결혼 정책이나 종족 간의 타협을 바탕으로, 여러 종교와 민족으로 구성된 백성들을 나라의 발전에 참여하게 하는 포용 정책을 썼다. 그리고 이슬람교도나 힌두교도 등 종파를 가리지 않고 능력에 따라 관리로 채용했다. 이렇게 이슬람과 힌두 문화가 만나면서, 그 어디에서도 흉내 낼 수 없는 화려하고 우아한 무굴 예술이 등장했다. 인도의 타지마할로 대표되는 무굴 예술은 특히 건축에서 뛰어난 기량을 발휘하였으며, 세밀화나 세공, 왕궁이나 정원 건축에서도 아름다움을 맘껏 뽐냈다. 아크바르 대제가 세상을 떠난 뒤 자한기르Jahāngir1569~1627, 샤 자한ShāhJahān, 1592~1666, 아우랑제브Aurangzēb, 1618~1707로 이어지는 이 시기에 무굴 제국은 정치적으로나 문화적으로 전성기를 누렸다. 이러한 무굴 제국 전성시대의 훌륭한 문화유산들이 가장 많이 보존되어 있는 도시가 바로 라호르다.

놀라운 포용력을 간직한 종교, 이슬람

라호르는 어디를 가나 붉은빛으로 가득하다. 붉은색은 무굴 제국의 영화와 권위의 상징이다. 영국 식민지 시대의 붉은 빅토리아식 건물은 물론, 무굴 제국 시대의 궁전과 모스크들도 대부분 붉은 사암으로 치장되어 있다. 게다가 내리쬐는 건조한 태양에 수만 년간 달구어진 대지마저도 붉은 흙이다.

라호르를 호흡하기 위해 시내로 나왔다. 도시 언저리에는 빛바랜 가난의 흔적이 오랜 역사만큼이나 쓸쓸하게 군데군데 모습을 드러내고 있었다. 그래도 라호르는 16~18세기 무굴 제국의 영광과 역사적 광채가 살아 있는 천년 고도이기에, 이곳 사람들의 자부심과 긍지만은 조금도 퇴색되지 않은 듯했다. 이들은 지금도 많은 사람이 라호르를 보지 못한 채 살아가는 것을 안타까워한다.

파키스탄
라호르

라호르 시에 있는 와지르 칸 모스크

177

이슬람은 완벽한 혼합 문화적 성격을 띤다. 7세기 사우디아라비아의 척박한 오아시스 도시에서 싹튼 이슬람은 유일신 알라의 계시를 담은 종교성과 선험적 우월감, 열정에 불타는 유목 전사들의 신앙심으로 튼튼한 용광로의 기틀을 갖추는 데 성공했다. 하지만 그 용광로를 채울 문화적 콘텐츠는 아직 성숙하지 못한 상태였다. 이때 이슬람은 정복지의 문화적 전통과 다양한 예술 장르를 폭넓게 받아들이고 아우르는 놀라운 포용력을 보여 주었다. 메카 Mecca [3]를 기점으로 동서로 퍼져 나간 이슬람은 다양한 문화를 만나면서 건축에는 세련미가, 미술에는 화려함이 더해졌고, 이는 이슬람 문화를 더 풍성하게 만드는 계기가 되었다. 이슬람의 위대함은 이처럼 자기와 다른 생각을 받아들여 새로운 문화를 창출해 내는 힘에 있다.

비잔틴과 페르시아라는 그 당시 세계 최고 수준의 두 문명을 일시에 제압하고 받아들인 이슬람은, 서쪽으로는 북아프리카를 거쳐 에스파냐 땅 그라나다에 알함브라 궁전이라는 걸출한 건축 예술을 남겼다. 그리고 실크로드를 따라 동쪽으로 가서는 인도의 토착 문화까지 받아들여, 타지마할이라는 인류 최고의 건축을 남겼다. 하지만 인

---

3. 사우디아라비아의 도시. 이슬람교를 완성한 무함마드가 태어난 곳으로, 이슬람교의 가장 중요한 성지이다.

도의 아그라Agra가 타지마할이라는 한 점으로 기록된다면, 파키스탄의 라호르는 이슬람 문화 시대를 활짝 연 무굴 제국의 박물관이나 다름없다. 지금도 이곳에서는 무굴 제국이 꽃피운 독특한 이슬람 문화의 화려함과 역동성이 살아 숨 쉬고 있다.

시내를 대충 둘러보고 곧장 바드샤히 모스크Badshahi Mosque로 달려갔다. 여행을 하면서 가장 가 보고 싶었던 곳을 먼저 찾는 것은 나의 오랜 습관이다. 그래야 원하는 곳을 마음껏 돌아볼 수 있고, 나머지 것들을 포기해도 마음이 덜 아프기 때문이다.

라호르 성채 맞은편에 있는 바드샤히 모스크가 핑크빛 모습을 드러냈다. 1674년부터 30년에 걸쳐 완성된 것으로, 무굴 제국의 아우랑제브 대제가 지었다고 한다. 세 개의 하얀 대리석 돔이 그렇게 아담하고 우아할 수가 없었다. 문으로 들어가니 책에서만 보아 왔던 넓은 정원이 나를 반겼다. 붉은 사암이 깔려 있는 정원 한가운데서는 대리석 분수가 물을 뿜고, 하얀 아치의 아케이드는 세 방향으로 펼쳐져 있었다. 넓은 정원 사방에는 작고 하얀 돔이 얹혀 있는 네 개의 붉은색 미나레트가 우뚝 서 있었는데, 파란 하늘과 기가 막힌 조화를 이루었

라호르의 시장 풍경

다. 미나레트의 높이는 정확하게 정원 한 면의 3분의 1 길이로 설계되었다고 한다.

평일인데도 모스크 안은 기도를 드리는 사람들로 가득했다. 실내장식과 아라베스크는 화려한 페르시아 양식과 동양적인 신비로움을 간직한 인도 양식이 잘 조화를 이루어 무굴 문화 특유의 독특한 색채를 마음껏 뽐내고 있었다. 특히 이 모스크에는 이슬람을 완성한 예언자 무함마드Muhammad, 570?~632의 머리카락, 그의 딸인 파티마와 사위 알리의 유품들이 보존되어 있어, 파키스탄 무슬림의 중요한 순례지로 꼽힌다. 이맘이슬람교 교단 조직의 지도자를 가리키는 명칭의 허락을 얻어 204개의 나선형 계단을 돌고 돌아 미나레트 꼭대기에 올랐다. 라호르 성채Lahore Fort를 비롯한 구舊시가 전경이 손에 잡힐 듯 한눈에 들어왔다.

세계에서 두 번째로 큰 바드샤히 모스크

외부는 투박하게, 내부는 화려하게

미나레트에서 내려와 한숨 돌린 뒤, 이웃의 라호르 성채를 둘러보았다. 라호르 성채는 무굴 제국의 전성기를 이끈 아크바르 대제가 1584년부터 1598년까지 라호르에 살면서 건설한 궁전과 도시 성곽이다. 도시 전체를 붉은 벽돌담으로 둘러쌓았는데, 한 면의 길이가 자그마치 380센티미터에 이르며, 문은 열두개나 된다고 한다.

아크바르 대제에 이어 자한기르와 샤 자한 왕이 부속 건물과 묘당, 정원을 증축하여 오늘의 모습을 갖추었다. 특히 거울 궁전이라 불리는 쉬쉬마할 홀이 가장 인상적이었다. 이곳은 왕비가 거주하던 공간으로, 벽면과 천장 전체를 거울 모자이크와 프레스코, 유리, 진주 등으로 꾸며 놓았다. 어떤 궁전에서도 본 적이 없는 화려한 아라베스크의 색감과 기하학적 균형이 극치를 이루고 있었다. 이 역시 왕비 뭄타즈 마할을 위해 타지마할을 건설했던 샤 자한 왕이 만들었다고 한다.

시내에 나온 김에 서점에서 전공 책을 몇 권 사고, 근처에 있는 차

라호르 성채

만 아이스크림 가게를 찾았다. 라호르 사람들이 즐기고 자랑하는 차만 아이스크림은 과일을 듬뿍 갈아 넣은 뒤 피스타치오와 아몬드를 버무려 독특한 향과 맛을 가미한 것이다.

아이스크림의 달콤한 맛을 음미하면서 시민들이 즐겨 찾는 무굴 시대의 정원인 샬리마르Shalimar Garden로 향했다. 입구에서 시작된 기다란 수로와 화단은 3단으로 꾸며져 있는데, 점점 높이가 낮아지면서 왕의 침소에까지 다다르게 설계되어 있다.

위에서 내려다보는 광경은 참으로 평온했다. 이슬람 사람들은 정원을 꾸밀 때, 항상 천국을 생각한다. 그리하여 꽃과 나무에 새와 나비가 날고, 풍성한 과일이 열리며, 분수에서는 물이 뿜어져 나와야 한다. 외관의 투박함과 내부의 화려함, 이것이 이슬람 건축 철학의 기본이다. 바깥은 속세이고, 내부는 천국인 것이다. 이슬람에서는 문 하나를 사이에 두고 이렇게 두 세상이 만나고 단절된다. 높은 담으로

수도와 화단이 3단으로 꾸며진 샬리마르 정원

둘러싸인 샬리마르 정원은 그러한 이슬람 건축 정신의 상징과도 같았다. 이 아름다운 정원이 유네스코 세계 문화유산으로 기록되어 비교적 잘 보존되고 있어서 한결 마음이 놓였다.

라호르까지 왔으니 빼놓지 말고 들러야 할 곳이 있다. 라호르 국립박물관이 바로 그곳으로, 파키스탄 최고의 박물관이라는 명성을 확인하기보다는 석가모니기원전 563?~483?의 고행상을 보기 위해서다. 선사 시대부터 간다라 시대까지의 전시품을 차례로 둘러보다가, 한쪽 편에서 밝은 빛을 내뿜으며 정좌한 채 고행하는 석가모니와 마주했다. 석가모니의 모습은 과연 전율 그 자체였다. 보리수나무 아래서 인간의 온갖 번뇌를 짊어지고 처절하게 자신을 불사르던 영혼의 빛이 뚜렷하게 느껴지는 것 같았다. 갈비뼈가 유난히 튀어나오도록 사실적으로 조각되어 있는, 피골이 상접한 석가모니를 한참 동안이나 아무 생각없이 그냥 바라만 보았다. 왠지 눈시울이 붉어졌다. 종교와 사상을 뛰어넘어서 이토록 절절하게 인간다움을 가르치는 누군가의 모습을 예전에는 본 적이 없었다.

파키스탄
라호르

이슬람과 불교의 깊은 숨결이 스며 있는 도시 라호르, 어디 그뿐이랴. 라호르는 시크교가 싹튼 곳이 아닌가. 라호르 근교에서 농부의 아들로 태어난 나나크Nānak, 1469~1538 는 힌두교와 이슬람교를 접목한 시크교를 창시하였다. 그는 모든 종교는 고행을 통해 하나로 귀일된다는 사실을 깨닫고, 인간의 평등, 종교 간의 관용과 화해를 부르짖었다.

"자비를 너의 모스크로 삼고, 신앙을 너의 기도 방석으로 삼고, 정직한 삶을 너의 《꾸란》으로 삼고, 겸허함을 너의 율법으로 삼고, 경건함을 너의 예식으로 삼아라."

같은 시대를 살아가는 이슬람 신자들에게 한 그의 충고는 이처럼 진지하고 간절했다. 그러고 보니 라호르야말로 진정한 서남아시아 영성의 중심지란 생각이 다시 한 번 강하게 밀려온다.

아라베스크 창 너머의 살리마르 정원

파키스탄 최고의 박물관,
라호르 국립박물관

라호르 국립박물관은 파키스탄에서 가장 오래되고 가장 큰 박물관으로, 영국 식민 시절인 1894년에 지어졌다. 여덟 개의 전시실에는 간다라의 불교 미술과 인더스 강 유역의 출토품, 실크로드를 통해 들어온 중국의 도자기와 비단, 파키스탄 각지의 민속의상과 무굴 제국의 예술품 등이 가득 전시되어 있다.

라호르 박물관은 간다라 미술의 보고이다. 간다라 미술은 알렉산더 대왕의 인도 침공으로 그리스와 동양 문화가 만나게 되면서 탄생했는데, 부처상이 그리스 신화 신상처럼 바뀌게 되었고, 우리나라에서는 석굴암이 탄생하게 된 것이 그 예이다. 알렉산더는 인도 침공 때 지금의 인도가 아니라 파키스탄의 인더스 강까지 진격했기 때문에 파키스탄에서 간다라 미술을 느낄 수 있는데 우락부락한 그리스의 신이 부처님의 포즈를 하고 있는 것을 보면, 기원전의 동서양이 만나 탄생한 새로운 문명을 느낄 수 있다.

라호르 박물관의 간다라관에서 단연 압권은 〈단식하는 부처상(Fasting Buddha)〉인데, 중앙 홀 왼쪽 끝 간다라의 방으로 들어서면 왼쪽 유리 진열장 중앙에 안치되어 있다. 높이 약 80센티미터의 이 좌상은 뼈와 거죽만 남고 혈관이 간신히 뼈에 붙어 있는 모습을 하고 있다. 박물관에는 이외에도 시크, 이슬람, 힌두, 현대 미술 등 다양한 전시실이 많다.

무굴 제국의 가장 위대한 황제,
아크바르 대제

라호르에서 만난
인물 이야기

무굴 제국의 발판을 마련한 사람이 바부르였다
면 이 왕조를 명실상부한 대제국의 위치로 끌어
올린 사람은 아크바르라고 할 수 있다. 그는 무엇보
다도 뛰어난 군사 책략가였다. 아크바르는 자신에게 주의
를 집중시키는 인간적 흡인력을 지니고 있었을 뿐만 아니라, 전략을 수립하고
결정하는 상황 판단이 뛰어났으며, 나폴레옹에 버금가는 신속한 기동력도 보
유하고 있었다. 그의 이런 지도력에 힘입어 무굴 제국은 1605년 그가 죽을 때
까지 북인도의 전 지역을 지배하게 됨으로써 데칸과 벵골 만 및 아라비아 해에
이르는 대제국을 건설할 수 있었다.

한편 그는 현명하게도 여러 민족으로 구성된 제국의 백성들을 위협하여 복종
하게 하기보다는 결혼 정책이나 종족간의 타협을 통해 힌두의 여러 세력들을
무굴 제국의 실질적 동반자로 흡수하려는 노력을 게을리하지 않았다. 이와 같
은 점에서 아크바르는 무굴 제국의 전성기를 연 위대한 황제이자 힌두 문화와
이슬람 문화의 실질적 융합에도 공헌한 훌륭한 인물로 평가받고 있다.

아크바르는 사치스럽고 화려한 궁전 속에 살면서 호사스러운 의식을 행함으로
써 다른 사람들과 자신의 차이를 과시했지만 궁전 밖의 여론을 듣는 데도 주의
를 기울였다. 아크바르는 육체가 강건하여 전장의 노고에도 끄덕하지 않았으
며 키는 168센티미터에 지나지 않았지만 위엄이 있었고, 문맹이었지만 강력
하고 창의력 있는 정신의 소유자였다.

혹한의 땅으로 유명한 시베리아에 프랑스의 파리처럼 아름다운 문화의 도시가 있으니 바로 이르쿠츠크다. 러시아 남쪽에 자리 잡은 이르쿠츠크는 원래 유배지였지만 수많은 지식인들이 하나둘 모여들면서 오히려 러시아의 예술을 주도하는 문화 도시로 거듭나기 시작했다. 고풍스러운 운치를 풍기는 건물들과 앙가라 강변의 넉넉한 풍광이 도시의 아름다움을 더하고 있어, 별명에 걸맞는 매력을 지니고 있다.

혹한의 땅 시베리아에 꽃핀 문화도시

러시아
이르쿠츠크
Irkutsk

바이칼 호의 숨결

러시아 하면 가장 먼저 무엇이 떠오르느냐고 묻는다면, 열에 아홉 사람은 동토東土나 시베리아라고 답하지 않을까 싶다. 그만큼 광활한 유라시아 대륙의 대부분을 시베리아가 차지하고 있다고 해도 과언은 아니다. 이렇게 사시사철 얼어 있는 시베리아의 중심에 바로 이르쿠츠크가 있다.

원래 이르쿠츠크는 유형지였다. 국가 이념과 뜻을 달리한 러시아 지식인과 시대의 혁명가들은 하나같이 이곳으로 끌려와 힘겨운 노동에 시달렸고, 그 덕분에 이곳은 조금씩 발전의 기운이 돌기 시작했다. 러시아는 17세기에 들어 값비싼 모피를 얻기 위해 코사크 족[1] 기병대를 앞세워 시베리아 정복 전쟁에 나섰다. 전쟁으로 러시아는 시베리아 원주민이었던 브리야트 족을 지배하게 되었고, 오늘날 브리야트 족들은 소수 민족으로 가난과 차별을 견디며 살아가고 있다. 무수한 아픔이 서려 있는 땅, 시베리아. 그러나 이곳은 세계 최대 규모의 청정 호수 바이칼의 숨결을 받아들인 신성한 땅이기도 하다.

러시아 이르쿠츠크

1. 러시아 어 카작(Kasak 또는 Kazak)에서 비롯된 말로, 이들은 스스로를 카작이라 불렀다. 이 말은 터키어로 '자유인'을 뜻하는데, 코사크 족은 슬라브계 민족으로 무엇보다 의리와 애국심, 충성심을 중시했다. 16세기 중반 러시아 황실의 봉급을 받으면서 군역에 종사하던 민족인 까닭에, 코사크는 '무장한 자유인'을 뜻하는 말이 되었다. 16~17세기 타타르 족 등의 침입에 위협을 느낀 러시아와 폴란드, 리투아니아는 코사크에게 무기·탄약·식량·자금을 주고 국경 수비를 맡았다.

9441킬로미터, 세계 최장의 시베리아 횡단 철도

몽골의 수도 울란바토르를 떠난 시베리아 횡단 철도는 밤낮으로 꼬박 하루를 달려 러시아의 남쪽 땅, 이르쿠츠크 역에 도착했다. 끝없이 펼쳐지는 자작나무 숲과 푸른 초원 사이로 말과 양떼, 초원의 하얀 천막 집 게르가 간간이 우리를 맞이하고 있었다. 어쩌다 달리는 기차 주변으로 사람이 보이기라도 하면 그렇게 반가울 수가 없다. 서로 손을 흔들고 고함을 치는 사이에 얼굴에는 웃음이 번지곤 했다. 사람과 사람의 만남이 어찌 초원의 양떼를 보는 것에 비할 수 있으랴.

기차가 역에 정차하자 플랫폼에는 일순간 활기가 돌기 시작했다. 몽골과 중국, 러시아를 오가는 보따리장수들이 차창 안팎에서 훈제 생선과 청바지, 가전제품 등 갖가지 물품을 선보이며 홍보(?)하느라 정신이 없었다. 세상에서 가장 역동적이고 치열한 삶의 현장이지 싶었다. 매서운 역무원의 눈초리와 단속의 손길에도 이들의 삶에 대한 투쟁 의지만은 결코 꺾이지 않았다. 그리고 기차는 다시 모스크바를

시베리아 횡단 열차

향해 기적을 울렸다. 그 사이 보따리장수들은 다음 정차 역을 기다리며 잠시 담배 연기에 시름을 감추고 있었다.

이렇게 다음 역을 향해, 또 다음 역을 향해 속도를 내고 있는 시베리아 횡단 열차는 무려 지구 둘레의 3분의 1에 해당하는 9441킬로미터를 가로지른다고 한다. 말이 쉽지, 1만 킬로미터에 가까운 장대한 규모의 철도를 건설하기 위해 얼마나 많은 사람들이 피땀을 흘렸을지 도저히 가늠할 수가 없었다. 이것이야말로 '현대판 불가사의'가 아닐까하는 생각이 머릿속을 스치고 지나갔다.

얼지 않는 강, 앙가라

이르쿠츠크는 '시베리아의 파리'라는 별명답게 건물들이 제법 고풍스러운 운치를 풍겼다. 잘 꾸며진 공원과 바이칼 호수를 끼고 있는 앙가라 강변의 넉넉한 풍광이 도시의 아름다움을 더하고 있었다. 여기에 러시아 정교회 성당들이 높은 십자가를 앞세운 모습이 마치 인

러시아
이르쿠츠크

간의 탐욕을 통제하는 듯하고, 나지막한 목조 건물들은 역사의 숨결을 보여 주는 것 같았다. 초라하기 그지없는 이 목조 건물들이 이방인의 시선을 끄는 이유는 창문 때문이었다.

매서운 겨울 추위를 막으려고 덧붙인 창문 주변은 예외 없이 청색으로 칠해져 있고, 자그마한 삼각형과 다이아몬드 무늬가 양각되어 있으며, 더러는 정교한 꽃잎 문양이 새겨진 창살이 보이기도 했다. 8개월이나 되는 긴긴 겨울, 삭막하고 척박한 땅에서 살아야 하는 사람들에게 화려하게 공들인 창문이 한 줄기 위안이 되는 듯했다.

한편 전 세계 담수의 5분의 1을 담고 있다는 바이칼 호수도 이곳에서 만날 수 있다. 일반적으로 사람들은 바이칼을 거대 호수로 기억하고 있지만, 나에게는 우리 문화의 뿌리인 샤머니즘의 고향으로 먼저 다가온다. 수많은 우리의 신화와 문학, 사상이 바로 샤머니즘에서 출발했으니 이곳을 우리 문화의 본고향이라 해도 어느 누가 시비를 걸지는 못할 것이다.

자료를 찾아보니 바이칼 호에는 336개의 작은 강이 흘러들지만 여기서 뻗어 나오는 강줄기는 오직 하나, 앙가라 강뿐이라고 한다.

멀리서 바라본 바이칼 호수와 마을

문득 우리 인간의 삶의 애환과 슬픔, 기쁨 모두가 강을 따라 이 거대한 호수 속에서 섞여 앙가라 강으로 분출되는 것은 아닐까 싶었다. 진취적인 인간의 삶의 의지처럼 말이다. 이르쿠츠크 시내를 관통하는 앙가라 강은 시베리아의 매서운 추위에도 결코 어는 법이 없다. 강물이 뿜어져 나오는 출구가 오직 하나라 유속이 매우 빠르기 때문이란다. 서로 한데 어우러져 동화되고 다시 솟구치는 바이칼 호수의 모습에 러시아 사람들의 씩씩한 기상이 겹쳐지고 있었다.

데카브리스트들이 일군 시베리아의파리

잠자던 시베리아 땅을 깨운 것은 17세기 무렵의 일이다. 담비를 잡아 값비싼 모피로 가공해 팔기 시작하면서 이르쿠츠크는 시베리아 교역의 중심지로 발전했던 것이다. 동시에 이르쿠츠크는 개혁과 자유를 목 놓아 외쳤던 실패한 혁명가들의 유형지이기도 했다. 1825년 12월, 제정 러시아 왕정을 무너뜨리고 새로운 세상을 만들고자 했던 데

러시아
이르쿠츠크

시베리아 횡단 철도의 중심지, 이르쿠츠크

카브리스트들도 같은 운명을 안고 이곳으로 끌려왔다.[2]

　1812년, 러시아로 밀고 들어오는 나폴레옹 1세Napoleon Ⅰ, 1769~1821
와 벌인 나폴레옹 전쟁에 참가했던 청년 장교들은 세계 각지를 돌며
새로운 세상을 목격할 수 있었다. 발전을 거듭하는 유럽 사회의 모습
이 조국 러시아에서도 그대로 재현되기를 꿈꾸었던 이들은 입헌 군
주제와 공화제를 요구하며 봉기하기에 이르렀다.

　그러나 이들이 꿈꾸었던 혁명은 실패했고, 핵심 관련자 다섯 명은
교수형에, 121명은 유형에 처해져 유배지 이르쿠츠크로 끌려가 강제
노동에 시달리며 처절하게 살아갔다. 러시아의 대문호 푸슈킨A.
Pushkin, 1799~1837이 데카브리스트들을 지지하는 시를 썼다가 출판 금지
령을 받은 것도 이 무렵의 일이다. 또 온갖 박해와 유혹을 뿌리치고
유배당한 남편과 같은 운명을 선택한 부인들이 이곳으로 몰려들면서
이르쿠츠크는 문화와 예술이 살아 숨 쉬는 '시베리아의 파리'로 우
뚝 섰다.

러시아에서 흔히 볼 수 있는 자작나무 열매

40이란 숫자의 의미

늦은 오후가 되자, 높다란 오벨리스크[3]가 세워진 앙가라 강변의 키로프 광장으로 거리의 악사와 시민들이 쏟아져 나오기 시작했다. 아이들의 손을 잡은 부모들과 팔짱을 낀 청춘 남녀들이 바이칼에서 흘러나오는 강줄기를 따라 조용히 걷고 있었다. 바쁜 하루 일과가 끝나고 여유로운 시간일 텐데도, 길 가는 사람 누구 하나 웃음은커녕 미소조차 머금은 이가 없었다. 무슨 불만이 그렇게도 많은지……. 이곳 사람들은 날씨만큼이나 차가워 보였다. 그때 문득 언젠가 책에서 읽은 문구 하나가 떠올랐다.

"러시아에서 이유 없이 웃는 것은 바보나 하는 짓이다."

야외 술집에서는 젊은이들이 손에 맥주병을 든 채 빠른 록 음악에 맞춰 연방 엉덩이를 들썩거리고, 길 가는 대학생이나 어린 학생들의 손에도 예외 없이 맥주병이 들려져 있었다. 심지어 병원 대기실이나 출근길 버스 안에서도 맥주병을 손에 든 사람은 쉽게 찾아볼 수 있었다. 고달프고 힘든 사회생활에서 한 줄기 위안을 얻고자 술의 힘을

러시아
이르쿠츠크

---

2. 러시아 어로 12월을 가리키는 '데카브리'에서 유래하여, 혁명을 일으키는 장교들을 '12월 당원', 곧 '데카브리스트'라 부른다.
3. 시베리아 철도 건설을 처음 주장한 무라비요프 아무르스키 백작을 기념하기 위해 세워졌다.

빌리는 것일까? 나를 안내하던 우리나라 유학생은 이런 생각이 쓸데 없는 걱정이라며 한마디로 뭉개 버리고 말았다.

"러시아에서는 40이란 숫자가 무척 중요해요. 영하 40도는 추위 도 아니고, 400킬로미터는 거리도 아니고, 알코올 도수 40도는 술도 아니다라는 말이 있을 정도예요."

55도나 되는 보드카를 마시며 살아가는 시베리아 땅의 사람들에 게는 맥주란 그저 싱거운 음료수일 뿐이었다.

'신성의 호수' 바이칼과 '샤머니즘의 고향' 올혼 섬

이르쿠츠크에 온 이상 바이칼 호수의 섬 열여덟 개 가운데 가장 큰 올혼 섬을 놓칠 수 없는 일이다. 조금씩 자동차에 속도를 내고 있는 데, 바인다이스키라는 중간 지점에 이르자 모든 차가 멈추어 있었다. 길가에 늘어선 자작나무 가지에 색색의 천들이 매달린 모습도 눈에 들어왔다.

올혼 섬의 전형적인 가옥

자그마한 탑 아래 마련된 제단에서 사람들이 옹기종기 모여 고사를 지내고 있었던 것이다. 제물이라고 해 봐야 빵 몇 조각과 구운 고기 몇 점에 지나지 않았지만, 저마다 보드카 잔을 들어 올리며 가족의 안녕과 행운을 빌고 있었다. 그러고는 작은 천에 소원을 적어 근처 자작나무 가지에 매달고는 다시 여행을 시작하는 것이었다.

특별한 기도 방식이나 의례가 있는 것은 아니다. 개인적으로 신봉하는 종교가 무엇인지도 중요하지 않다. 자신을 낮추고 모두의 평안을 기원하는 순수한 마음만 우러나오면 그만이다. 나 역시 우리의 여행길이 평안하기를 빌고 다시 차에 올랐다.

두 시간을 더 달려 드디어 올혼 섬에 도착했다. 언제나 그렇듯이 먼저 박물관을 찾아 이곳의 문화부터 살폈다. 겉모습은 초라하기 그지없는 마을 생태 박물관이었지만 올혼 섬의 모든 것이 간직되어 있는 듯했다. 민속과 신앙에 관한 공예품은 물론 농기구와 고기잡이 도구들, 바이칼 호에서 서식하는 생명체의 표본, 그리고 이 섬의 역사를 말해 주는 사진과 서적, 학생들의 졸업장과 일기장, 심지어 빛바랜 편지까지 올혼 섬을 이해하는 데 무엇 하나 부족하지 않았다.

러시아
이르쿠츠크

생태 박물관   생태 박물관에 간직된 여러 자료들

이렇게 이곳 박물관이 세세한 것까지 갖출 수 있었던 이유는 박물관을 세운 니콜라이 미하일로비치 레베야킨이라는 초등학교 교장의 노력 덕분이다. 그가 평생을 학생들과 함께 섬 이곳저곳을 다니며 수집한 물품들이 오늘날 이 땅의 산역사로 자리 잡은 것이다. 박물관 한켠에는 전시품을 수집할 때 사용한 낡은 오토바이 한 대가 조용히 자리하고 있었다.

레베야킨 교장은 이미 세상을 떠난 지 오래고, 지금은 그의 딸이 박물관을 맡아 운영하고 있었다. 모스크바에서 지리 교사로 활동했던 그녀를 올혼 섬으로 불러들인 것은 병상에 누운 아버지의 간절한 편지 한 통이었다.

"얘야! 이제는 네가 이 박물관을 맡아야겠다. 이곳은 우리의 삶이자 존재 가치란다."

26년간의 교사 생활을 접고 올혼 섬으로 돌아온 그녀는 그 뒤 지금까지 25년의 세월을 이 박물관과 함께하고 있다. 수없이 많은 나라를 다녀 보았지만 이곳만큼 정성과 애정이 묻어나는 박물관도 흔치 않을 듯싶다. 학생들과 함께 올혼 섬의 자연을 지키고 그들의 역사를 보존하려 했던 한 교육자와 그의 딸이 보여 준 열정에 저절로 고개가 숙여졌다.

레베야킨 교장은 가고 없지만 그의 학생들은 지금도 올혼 섬을 지키고 있다. 그들은 삶의 터전을 생명처럼 아낄 것이다. 이보다 더 거룩한 환경 교육이 어디 있으랴. 시베리아의 원형질을 듬뿍 머금고 수준 높은 문화와 지혜를 자랑하는 이르쿠츠크에서 잃어버린 우리의 과거를 되찾고, 우리 문화의 한 줄기 뿌리를 발견했다는 뿌듯함이 서서히 밀려들고 있었다.

울혼 섬의 아름다운 풍경

세계에서 가장 길고 낭만적인
시베리아 횡단열차

시베리아 횡단 열차는 얼지 않는 항구인 부동항을 건설하고 나아가서는 시베리아의 철, 석탄, 목재, 모피 등의 자원을 잘 조달하기 위해 오랜 세월에 걸쳐 만든 것이다. 유럽에서 차관을 들여와 착공 25년 만인 1916년에 완성된 세계에서 가장 긴 철도다. 철도의 건설과 더불어 자원의 보고인 시베리아도 본격 개발되기 시작했다. 춥고 광활한 시베리아 지역은 횡단 열차가 개통되면서 많은 사람이 오가고 곳곳에 도시와 마을이 생겨나게 되었다.

시베리아 횡단 열차의 운행거리는 블라디보스토크에서 모스크바까지 9441킬로미터로, 꼬박 6박7일이 걸리는 거리이다. 이것은 지구 둘레의 3분의 1에 가까운 거리로 서울에서 부산까지 가는 거리의 20배가 넘는다. 거쳐 가는 중요한 역만 하더라도 쉰아홉 개나 되며 시간대는 일곱 번이나 바뀌는 세계에서 가장 긴 기찻길이다.

열차는 블라디보스토크에서 출발해 시베리아의 장관인 바이칼 호수를 지나 이르쿠츠크, 부랴트 족이 집단으로 거주하는 울란우데를 거쳐 끝없이 서쪽으로 달려간다. 마지막 7일째가 되면 종점인 모스크바의 야로슬라블 역에 도착한다. 기차가 달리는 동안 자작나무 숲, 아담한 정착촌, 광활한 스텝 지역을 번갈아 가며 지나가므로 저절로 시베리아의 광활함을 느낄 수 있다.

러시아 근대문학의 창시자,
알렉산드르 세르게예비치 푸시킨

푸시킨(1799년 6월 6일~1837년 2월 10일)은 러시
아의 시인이자 소설가이다. 그는 러시아 근대문학
의 창시자로서 문학의 온갖 장르에 걸쳐 그 재능을
발휘했다. 과거 100년간 러시아 시 분야에서 그의 시에서
영향을 조금이라도 받지 않은 시인은 없다고 해도 과언이 아니며, 산문에 있어
서도 19세기 러시아 리얼리즘의 기초는 그에 의해 구축되었다.

그가 어렸을 때 유모 아리나가 들려준 러시아의 옛날이야기 및 설화가 그를 대
시인으로 성공시키는 데 크게 도움이 되었다. 1816년(17세)의 공개 진급시험
에서 자작시 〈차루스코에 세로의 추억〉을 낭독하여 이곳에 나와 있던 노시인
가브릴라 데르자빈을 감격시켰다고 한다. 그 뒤 《자유》, 《마을》 등을 발표하여
1820년에 남러시아로 추방당하기에 이르렀다.

그 밖에도 《카프카스의 포로》, 《집시》, 《바흐치사라이의 샘》, 《오네긴》, 《인색
한 기사》, 《벨킨 이야기》, 《스페이드 여왕》, 《대위의 딸》 등 시와 소설에 걸쳐
허다한 걸작을 썼다. 그 사이 1831년에 나탈리야 곤차로바와 결혼했으나 그녀
에 대한 날조된 소문 때문에 푸시킨은 부득이 결투를 하게 되어, 비운의 죽음
을 당하고 만다.

키르기스스탄은 아프가니스탄 가까이에 있는 나라로 아프가니스탄과 마찬가지로 많은 사람이 이슬람을 믿고 있는 **이슬람 국가다.** 하지만 키르기스스탄 사람들 가운데는 탈레반과 같은 급진적인 이슬람교인은 거의 없을 뿐 아니라, **대다수가 순박하고 친절한 성품을** 지니고 있어서 여행객을 귀한 손님으로 반긴다. 키르기스스탄의 자연 경관은 아주 빼어나 **'중앙아시아의 스위스'**라고 불릴 정도이다.

우리의 모습을 닮은
톈산 산맥의 맑은 영혼

키르기스스탄
비슈케크 Bishkek

실크로드의 나라, 키르기스스탄

카자흐스탄의 알마티를 떠난 대상이 한없이 지쳐 버릴 때쯤이면 나타나는 오아시스의 도시 비슈케크. 키르기스스탄의 수도 비슈케크에는 어디를 가나 길이 있다. 하얀 포플러 줄기가 가로수가 되어 끝없이 길을 잇고 길을 만든다. 그 길로 사람이 지나고, 가끔씩 양 떼가 나타나 길을 메운다. 바로 실크로드의 길, 중앙아시아의 지붕인 텐산 산맥을 따라 펼쳐지는 풍요와 설렘의 길이다.

중앙아시아에 위치한 키르기스스탄은 오랜 역사와 빼어난 경치를 자랑하는 나라다. 우리 민족과 같은 알타이 족이고, 우리말과 뿌리가 같은 알타이 어를 사용하고 있다. 생김새나 풍습도 우리의 모습을 많이 닮았다. 중앙아시아에는 '–스탄-stan' 이라는 이름을 가진 나라들이 많다. '스탄' 은 '땅' 이란 의미를 지닌 이란 어로, 키르기스스탄은 '키르기스 인들이 사는 곳' 을 말한다.

비슈케크에 있는 모스크

실크로드의 길목에서 일찍부터 앞선 세계를 받아들이던 키르기스 인들은 이미 기원전 2000년경부터 중앙아시아에 뿌리를 내리고 중국에 대항해 왔다. 또한 기원전 1세기까지 흉노[1]와 함께 중국을 끊임없이 공격하여, 중국이 만리장성을 쌓게 만들기도 했다. 그 뒤 5~6세기경에 이르러 이들은 키르기스 왕국을 건설했다. 그리고 실크로드를 통해 유목과 이동을 계속하면서 첨단 정보와 기술을 받아들여 번창했고, 동서양 문명 교류에 커다란 역할을 하였다.

그러던 중 키르기스 인들의 무리에 다른 종족이 섞이면서 훨씬 규모가 큰 새로운 종족 집단이 생겨나게 되었다. 키르기스의 뜻이 '마흔 개 부족'이라는 사실에서 볼 때, 이 이름은 다양한 종족 집단이 통합된 뒤에 붙은 것이 아닌가 한다. 키르기스스탄은 1876년부터 강제로 러시아의 지배를 받았으나, 1991년에 독립을 쟁취하여 새롭게 발전하고 있다.

1. 기원전 3세기 말부터 기원후 1세기 말까지, 몽골 고원·만리장성 등지를 중심으로 활약한 유목 기마 민족을 말한다.

예전 같으면 3~4개월은 족히 걸렸을 실크로드 길을 비행기로 6시간 만에 날아 비슈케크 공항에 도착한 것은 가을이 한참 무르익을 때였다. 마로니에 낙엽이 나부끼는 넓은 길에서, 하얀 수염을 바람에 흩날리는 노인과 유난히 눈동자가 맑은 아이들을 만날 수 있었다. 눈빛은 영롱한 석류를 닮았고 웃음은 싱그러운 포도를 연상시켰다. 아마도 석류와 포도의 고향이라서 그런가 보다. 생김새도 우리의 모습과 너무나 닮아서, 어릴 때 시골에서 같이 놀던 개구쟁이 친구들을 다시 만난 듯했다. 우즈베키스탄이나 카자흐스탄 등 이웃의 다른 투르크계 사람들보다도 훨씬 우리와 가까워 보였다.

　다음 날, 날이 밝자 무작정 시내로 걸어 나왔다. 구소련 시절 만들어진 계획도시답게 인적 드문 길은 사통팔달로 시원하게 뚫려 있었다. 하얀 대리석으로 지은 시내 중심가의 관공서 건물 일부를 제외하고는 대부분 단층으로 된 초라한 벽돌집이었다. 키르기스스탄이 구소련의 오랜 통치를 벗어나 독립한 것은 1991년. 그렇지만 초대 대

키르기스스탄
비슈케크

통령이 된 공산당 출신의 아스카르 아카예프의 오랜 독재로, 국민의 삶은 그리 편치만은 않았다. 그리하여 2005년에는 민중 혁명이 일어나 아카예프를 몰아내고, 쿠르만베크 바키예프 대통령을 수반으로 하는 새로운 정부가 들어섰다.

현재 키르기스스탄은 3000명가량의 미군 주둔을 허용하고 서구화를 꾀하면서 새로운 도약을 꿈꾸고 있다. 하지만 자원이 부족한데다 강대국인 이웃 우즈베키스탄의 위협으로 삶의 질은 쉽게 나아질 기미가 보이지 않고 있다.

역사박물관, 역사의 현장을 찾다

처음 찾은 이 나라의 역사와 과거를 더듬어 보기 위해 습관처럼 역사박물관부터 들렀다. 시내 한복판에 있는 대통령 궁 옆의 역사박물관은 찾는 사람이 거의 없어서 몇몇 직원들만이 오히려 신기한 듯 나를 구경하고 있었다. 구소련 시절의 홍보 전시관 같은 2층을 지나 3층에

---

2. 6세기 중엽 알타이 산맥 부근에서 일어나 약 2세기 동안 몽골 고원에서 중앙아시아에 걸친 지역을 지배한 터키계 유목 민족과 그 국가를 가리킨다. 6세기 말에 중국 수나라 · 당나라의 공격으로 동서로 분열되었는데, 동돌궐은 8세기 중엽 위구르에, 서돌궐은 7세기 중엽 당나라에 복속되었다.

는 키르기스의 역사 시대 유물들이 잘 정리되어 있었다.

특히 3층 난간에 있는, 초원에서 옮겨 놓은 돌² 시대의 석상들이 인상적이었다. 제주도의 돌하르방과 형태가 매우 비슷했는데, 7~8세기 무덤을 지키던 수호신 상들이라고 한다. 석상들은 오른손에는 물 그릇을, 왼손에는 칼을 들고 있었다. 물을 마시면서 칼을 잡던 돌궐 시대 유목 전사들의 맹약 의식을 표현해 놓은 것이다.

무엇보다 놀라운 것은 흉노의 역사가 세상에 알려지는 계기가 된 노인울라Noin-Ula 산의 발굴품들이 이곳에 전시되어 있다는 사실이다. 1924년에 러시아 지리학회 소속의 코즐로프 탐험대는 몽골 울란바토르의 하라 강ㅠ 유역에서 212기의 고분을 발굴하였다. 그중 상당수

키르기스스탄에 전해 내려오는 전설적인 영웅 서사시의 주인공인 마나스의 동상

키르기스스탄
비슈케크

211

가 기원 전후 흉노 귀족의 것으로 밝혀졌는데, 그곳에서 출토된 유물들 가운데 일부가 이곳에 전시되어 있는 것이다. 여전히 선명한 색상을 자랑하는 2000년 전에 만들어진 인류 최초의 카펫을 바라보는 감동은 이루 표현할 길이 없었다. 그 밖에도 각종 금속 제품과 펠트 위에 아플리케 기법으로 장식한 수공예품 등을 보며, 책에서만 읽었던 흉노의 역사적 실체를 확인하는 기쁨을 혼자서 만끽했다.

박물관에서 나와 시내 중심부를 걸었다. 센트럴 광장에 있는 하얀 건물은 유난히 구소련의 분위기를 풍기는 듯했는데, 바로 필라르모니아 시민 회관이었다. 그 앞에는 보기에도 위풍당당한 마나스의 동상이 하늘을 향해 우뚝 서 있었다. 마나스는 키르기스스탄에 전해 내려오는 전설적인 민족 영웅 서사시의 주인공이요, 키르기스 인들의 삶에서 빠트릴 수 없는 중요한 인물이다. 마나스의 영웅 서사시는 주인공 마나스의 출생과 결혼, 칼무크 족과의 전쟁 이야기로 시작되어 그의 죽음으로 끝이 난다. 하지만 그는 진정 죽은 것이 아니라, 그의 아들 세메테이와 손자 세이틱의 이야기로 이어지며 키르기스 사람들의 마음속에 계속 살아 있다. 그의 영웅 서사시에는 역사와 언어, 신

필라르모니아 시민 회관

화와 민속, 군대 체계와 정치, 음악과 미술에 이르기까지, 키르기스 인들의 모든 것이 녹아들어 있다. 구전되어 오던 마나스 영웅 서사시 는 19세기 들어 본격적으로 기록되었고, 현재까지 60여 가지 이상의 다양한 판본이 생겨났다.

오쉬 바자르에서 만난 고려인 아주머니

키르기스 사람들의 역동적인 삶의 현장에서 함께 호흡하기 위해 오 쉬 바자르 시장을 찾았다. 그 옛날 실크로드를 따라 찾아온 상인들이 눌러앉아 장사를 하던 곳이다. 빼곡히 들어선 가게 사이사이로 사람 들이 몰려들었다. 인구 100만의 키르기스 사람들이 모두 모인 듯, 길 을 걷는다기보다는 인파에 떠밀려 가는 느낌이었다. 좁은 골목길마 다 각기 다른 물품들이 줄을 이으며, 거대한 삶의 거래가 이루어지고 있었다.

이곳에는 없는 것이 없다고 한다. 코너를 돌 때마다 과일, 공산품,

모스크 주변에 형성된 시장의 풍경   바자르에서 식품 가게를 하고 있는 고려인 아주머니

토산품, 수입잡화, 음식점 등이 차례로 나타났다. 눈에 띄는 것은 특이하게 생긴 전통 모자였다. 염소 털로 곱게 짜서 금실로 수를 놓은 '칼팍'이라는 모자는 키르기스 남성들의 명예와 존재의 상징이다. 처음에는 뜨거운 목욕탕에서 열기로부터 머리를 보호하기 위해 썼다는 칼팍이 이제는 모든 공식 행사나 축제 때 빠질 수 없는 전통 모자가 되었다.

백김치가 놓여 있는 식품 가게에서는 어김없이 고려인 아주머니가 머리에 수건을 두르고 손님을 맞이했다. "안녕하세요."란 말에 대뜸 "코리아에서 왔수까?"라는 질문을 던지며 표정이 달라진다. 먼 길을 찾아온 한국 손님에게 좌판 한구석을 가리키며, 앉아서 김치 국시 한 그릇 말고 가란다. 이곳에는 1만 8000명가량의 고려인들이 살고 있다. 1937년에 스탈린에 의해 블라디보스토크와 연해주에서 시작된, 한국인 강제 이주[3]의 한恨과 핏줄에의 강한 집착은 이처럼 중앙아시아 전역에 슬픈 역사를 남긴 채 이어지고 있다. 양고기 꼬치구이인 샤슬릭 두 줄에 모처럼 고향의 맛이 담긴 국시 한 그릇을 비우고 40솜을 주었다. 그래 봤자 우리 돈으로 1000원도 안 되는 값이다.

키르기스 남성들의 명예와 존재의 상징인 '칼팍'을 파는 상점

다음 날 아침 일찍 서둘러 톈산 산맥 줄기를 따라 북쪽으로 달렸다. 비슈케크에 온 김에 꼭 들러야 할 곳이 있었다. 바깥세상에는 거의 알려지지 않은 아타 베이릭 학살 기념관이다. 1938년 11월 15일, 138명의 키르기스 지식인들이 스탈린 정권에 의해 집단 학살당한 채 매장되는 엄청난 사건이 일어났다. 그 당시 공산 정권에 협조를 거부했던 작가와 교수, 민족 지도자들이 하룻밤 사이 비밀리에 체포되어 갖은 고문 끝에 모두 처형당한 것이다.

아무도 없는 외진 곳에서 이루어진 세기의 학살은 우연히 숨어서 그 모습을 지켜본 한 농부의 몫으로 남았다. 농부는 가슴에만 품고 있던 그 비밀을 열여덟 살이었던 딸에게 전하고, 조국이 독립을 쟁취하는 날 이 사실을 알리라는 유언을 남긴 채 숨을 거두었다. 1991년 키르기스스탄이 자주 독립을 선포한 뒤, 이미 70대의 노파가 된 딸이 이 사실을 공표함으로서 역사의 뒤안길에 묻혀 버릴 뻔했던 잔혹한 역사가 마침내 그 빛을 보았다. 홀로 묵념하고 조용히 감회에 젖어

키르기스스탄
비슈케크

---

3. 만주가 일제의 지배 아래 놓이자, 스탈린은 일본에 협력할 가능성이 있다는 이유를 들어, 연해주 등 극동 지방에서 살고 있는 한국인들을 중앙아시아로 강제 이주시켰다.

있는데, 백발이 성성한 관리인 할아버지가 희생자 가운데는 한국인
도 두세 명이 있다며 이들의 자료를 보여 주었다. 나는 연해주에서
쫓겨나 낯선 땅에서 정치적 희생양이 되어 한 많은 생을 마감했을 이
들의 영혼을 위해 한 줌 간절한 위안을 바람에 실어 보냈다.

비슈케크 시민들은 누구든 만나면 반갑게 눈웃음을 보낸다. 칼팍
을 쓴 남자들과 면화로 된 점박이 무늬의 편안한 치마를 입은 여자들
의 모습이 이제 낯설지 않게 느껴진다. 그런데 놀라운 점은 이곳 주
민들의 80퍼센트 이상이 이슬람교를 믿고 있는데도 차도르를 쓴 여
성을 거의 찾아볼 수 없었다는 사실이다. 어느 이슬람 국가에서나 쉽
게 눈에 띄는 모스크도 찾을 길이 없었다. 120년 가까운 구소련의 점
령 아래에서 전통적인 삶의 방식은 변질을 강요당했고, 이슬람 문화
는 철저하게 말살되었던 것이다.

금요일 주일 합동 예배가 열리는 날, 비슈케크에서 몇 안되는 모스
크를 힘들게 찾아갔다. 예배를 하러 몰려든 사람들은 대부분 젊은 남
성들이었다. 독립한 지 이제 겨우 16년, 잃어버린 종교와 전통을 조금
씩 찾아가는 그들의 발길에서 희망을 읽을 수 있었다.

아타 베이릭 학살 기념관 앞에 있는 동상

동방과 서방을 잇는 교역로,
실크로드

실크로드(Silk Road)는 말 그대로 '비단길'이라는 뜻이며 '내륙 아시아를 횡단하는 고대 동서통상로'였다. 이 실크로드라는 명칭은 19세기 독일의 지리학자 리히트호펜에 의해 처음 사용된 명칭이다.

중국에서부터 중앙아시아를 경유해 유럽과 인도로 수출되는 주요 품목이 비단이었다는 점에서 착안해 이 교역로를 독일어로 '자이텐 스트라센(Seiden Strassen, 비단길)'이라고 명명하였고, 이것이 영어로 실크로드라고 불리게 되었다.

동방에서 서방으로 수출된 대표적인 상품이 비단이었다면 서방에서는 보석, 옥, 직물 등의 산물이나 불교, 이슬람교 등이 이 실크로드를 따라서 동아시아에 전해졌다. 이 통상로에는 타클라마칸 사막의 북변을 통과하는 서역북도와 남변을 경유하는 서역남도가 있다. 똑같이 파미르 고원을 넘어 서(西)투르키스탄의 시장에 이르며, 또한 동방으로는 간쑤성 둔황에서 합해져 외길로 되어 황허 강 유역까지 이르렀다.

총 길이가 약 6400킬로미터인 실크로드는 타클라마칸 사막의 주변에 산재한 다수의 오아시스 나라들의 대상 활동으로 유지되었으며, 그 무역의 이익은 동방에서 중국인을, 북방에서 유목민을, 또 남방에서는 티베트 인을 끌어들여 그들에 의해 강화되었다.

태고의 숨결과 인디언 문화가 고스란히 녹아 있는 전원 도시, 밴쿠버. 1887년 대륙 횡단 철도가 처음 밴쿠버 섬에 들어온 뒤, 이곳은 120년 만에 캐나다에서 세 번째로 큰 도시로 성장했다. 온화한 기후와 아름다운 자연 환경 등 관광 자원도 무궁무진해서, 세계에서 가장 살기 좋은 도시로 손꼽힐 정도다. 그래서 자연과 인간이 아름다운 조화를 이루고 있는 밴쿠버에 발을 디디면, 누구나 꼭 짜인 일상에서 벗어나 자연인으로 돌아가게 된다.

인간과 자연이 함께 살아가는
아름다운 도시

캐나다
밴쿠버 Vancouver

캐나다 서부에 위치한 최대 항구 도시, 밴쿠버, 세계 4대 미항 가운
데 하나로 꼽히는 이곳은 태평양을 바라보는 아름다운 풍광과 맑고
깨끗한 환경, 브리티시 컬럼비아 대학교를 중심으로 하는 수준 높은
교육으로 북아메리카 대륙에서도 가장 살기 좋은 곳으로 알려져 있
다. 특히 밴쿠버에는 중국인을 포함한 아시아 이주민들이 유난히 많
다. 다양한 인종이 함께 살아가는 이곳은 다문화 · 다종교가 평화롭
게 공존하는 문화의 도시이기도 하다.

밴쿠버의 역사는 그리 오래되지 않았다. 에스파냐의 탐험가 호세
나르바에스José María Narváez가 태평양에 맞닿은 조지아 해협과 잉글리
시 만을 탐사한 이듬해인 1792년, 영국 선장인 조지 밴쿠버George
Vancouver, 1757~1798가 밴쿠버 내항을 탐사하면서 세상에 알려졌다. 이

깨끗한 밴쿠버 시내

는 모피와 금광을 찾는 데 필요한 캐나다 북서 통로를 개척하기 위한 것으로, 오늘날 밴쿠버라는 이름은 바로 조지 밴쿠버 선장에게서 유래되었다.

밴쿠버 선장의 탐사 이후, 밴쿠버의 번영은 바로 찾아왔다. 1858년 프레이저 강을 중심으로 사금이 채취된다는 소문을 듣고 수많은 사람들이 몰려들었기 때문이다. 밴쿠버에서 알래스카까지 이어진 캐나다 서북부의 사금 채취와 금광 개발은 이른바 골드 러시[1] 열풍을 일으키며 한탕주의와 새로운 도전 정신의 촉매제가 되었다.

그 뒤 캐나다를 관통하여 북쪽 알래스카로 향하는 1번 도로와 1886년 개통된 대륙 횡단 철도가 건설되면서 밴쿠버는 더욱 빠르게 발전하였다. 그 당시 7830킬로미터에 이르는 엄청난 도로 공사에 수많은 중국인 인부들이 동원되었는데, 이들은 하루에 겨우 4달러

세계 4대 미항의 하나인 밴쿠버 항

50센트를 받으며 30년 가까이 일을 계속했다. 숙식비를 제외하면 50 센트 정도밖에 남지 않는 적은 돈이었지만, 결국 이것이 모이고 모여 오늘날 밴쿠버 차이나타운의 모태가 되었다. 현재 이들은 홍콩이 중 국에 반환될 무렵 이곳으로 이주한 홍콩의 재력가들과 더불어 밴쿠 버 경제의 한 축을 담당하고 있다. 그래서인지 밴쿠버 시내에서는 온 통 중국인만 보이는 것 같았다. 200만 밴쿠버 인구 가운데 중국인들 만 50만이 넘는다니 그럴 만도 했다.

인디언들의 애환과 곰 숭배 사상

복잡한 밴쿠버 시내를 조금만 주의 깊게 살펴보면 또 다른 숨겨진 역 사의 흔적들을 만날 수 있다. 바로 토템 폴[2]Totem Pole, 이 그것으로, 우 리는 이를 통해 캐나다 인디언의 존재를 확인할 수 있다.

유럽의 입장에서 보면, 밴쿠버의 역사는 조지 밴쿠버 선장으로부 터 출발했다고 할 수 있다. 하지만 자연과 물길을 따라 하늘을 섬기

캐나다
밴쿠버

---

1. 금광을 찾기 위해 사람들이 모여든 현상을 가리킨다. 1848년에 캘리포니아의 한 농부가 방앗간에서 금을 발 견하자 이에 자극을 받은 사람들이 로키 산맥과 태평양 연안으로 금을 캐러 모여들었다. 그 결과 캘리포니아 는 1849년 10만 명이 모여들어 하나의 주를 형성했고, 뒤이어 콜로라도 주, 네바다 주, 유타 주 등도 금·은 ·납의 발견과 함께 성립됐다. 골드 러시는 미국의 부를 늘리는 데 직접적인 영향을 미쳤고, 서부 개척의 계 기가 되었다. 1880년대 알래스카에서도 금이 발견되어 발전의 기초가 되었다.
2. 신성하게 여기는 특정한 동식물·자연물의 상을 그리거나 조각한 기둥이다.

며 이곳에 뿌리박고 살던 인디언들에게 이것은 새로운 도전이자 위협이나 다름없었다.

북아메리카 대륙의 역사에서도 항상 문제가 되는 것처럼, 이곳에서는 오래전부터 인디언이 살고 있었다. 인디언에게 밴쿠버는 목축과 사냥을 위해 이동하다가 잠시 머무는 터전이었다. 추운 겨울이 되어 알래스카가 눈에 덮이면, 그들은 남쪽으로 내려와 따뜻하고 아름다운 밴쿠버에서 겨울을 나곤 했다.

그런데 어느 날 그들은 백인들에게서 이주 명령을 받았다. 새로운 보호 구역으로 가서 살라는 것이었다. 인디언의 삶의 공간은 별, 공기, 물, 나뭇잎, 바람 소리가 모두 함께 존재하고, 그 모든 자연의 속삭임은 서로 떼어 놓을 수 없을 만큼 영적靈的으로 결합되어 있다. 그들에게 땅이란 사고팔 수 있는 거래의 대상이 아니라, 몇 만 년을 이어 온 조상들의 지혜와 영감이 어린, 그 자체가 숙명적인 삶의 터전이다.

게다가 그들에게 땅을 떠난다는 것은 곰 신앙에 대한 도전이자 존재의 부정이나 마찬가지다. 이곳 인디언은 지금도 자신들이 곰 어머니로부터 내려온 후손이라고 굳게 믿고 있다. 이런 곰 숭배 사상은

인디언의 역사와 신화를 간직한 채 밴쿠버 시내 여기저기에 서 있는 토템 폴

우리 민족의 곰 신앙과도 서로 맥이 통하는 것으로, 두 민족 사이에 끈끈한 문화적 연결 고리가 있음을 짐작할 수 있다. 그러고 보니 인디언 아이들의 엉덩이에도 푸른 몽고반점이 있고, 음식과 언어, 복식도 우리 문화와 많이 닮은 듯했다. 인디언의 역사와 신화는 시내 군데군데 서 있는 높다란 토템 폴에 잘 반영되어 있다. 그렇지만 밴쿠버 시내에서 인디언들을 만나기란 쉬운 일이 아니다. 토템 폴과 박물관에 전시되어 있는 인디언 유산들만이 관광객을 반길 뿐이다. 이제 밴쿠버는 유럽 인과 아시아 이주민의 도시가 되어 버렸다.

밴쿠버의 발상지, 개스타운

오늘날의 밴쿠버를 살펴보기 위해 시내 중심가의 개스타운Gastown으로 향했다. 밴쿠버 사람들은 밴쿠버 최초로 마을이 형성된 곳인 개스타운을 각별하게 생각한다. 1867년, 존 데이튼John Deighton 선장이 인디언과 결혼하여 이곳에 자리를 잡으면서 유럽 인의 밴쿠버 역사가

캐나다
밴쿠버

시작되었다고 한다. 존 데이튼은 유쾌하고 말이 많았기 때문에, 이웃 사람들에게 '개시 잭Gassy Jack', 곧 '떠벌이 잭'이라는 별명으로 불렸다. 그리하여 뒷날 이 마을도 개스타운이라 불리게 되었다.

1887년에 캐나다 대륙 횡단 철도가 개통되면서, 개스타운은 밴쿠버 시의 발상지답게 새로운 모습으로 변모하였다. 거리에 빨간 벽돌이 깔리고, 19세기풍의 가스등과 고풍스러운 상점, 아트 갤러리, 레스토랑 등이 생기면서 여느 유럽 도시에 못지않은 고전 시대의 낭만과 우아함을 뽐내고 있다. 이처럼 개스타운은 독특한 건물과 낭만적인 분위기로 '아름다운 거리상'을 여덟 번이나 수상했으며, 밴쿠버 시민의 산책로로도 많은 사랑을 받고 있다.

개스타운에서 놓치지 말아야 할 것 가운데 하나는 워터 거리와 캠비 거리의 교차로에 있는 증기 시계다. 세계에서 단 하나밖에 없는, 구리로 만들어진 이 증기 시계는 1977년에 시계 제작자 레이몬드 사운더스Raymond Saunders가 만든 것이라 한다. 이 시계는 밴쿠버 시내의 건물에 열을 공급하는 지하 열 공급 시스템에서 나오는 증기로 움직이는데, 유리 윈도 사이로 15분마다 증기를 뿜으며 국가를 연주하여

개스타운

개스타운의 명물로 자리 잡았다.

개스타운에서 동쪽으로 10분 정도 걸어가면 아주 이색적인 풍경이 이방인을 반긴다. 길거리에 붉은 등이 달려 있고 중국 사찰 모양의 건물들이 줄지어 있어, 한눈에 차이나타운임을 알 수 있다. 골드러시와 개발 시대에 밴쿠버에 정착한 아픈 사연을 딛고, 이제 중국인들은 밴쿠버 상업의 중심 세력으로 우뚝 서 있다. 그래서인지 밴쿠버 차이나타운은 캐나다에서 가장 큰 규모이고, 북아메리카에서는 샌프란시스코 차이나타운 다음으로 규모가 크다고 한다.

이곳의 건축물 가운데서는 샘 키 빌딩Sam Kee Building 이 가장 흥미로운 볼거리다. 빌딩의 폭이 겨우 183센티미터밖에 되지 않기 때문이다. 그리고 차이나타운의 상징인 중산 공원도 전통적인 양식의 중국 건축물과 정원으로 잘 꾸며져 있어 꽤 볼 만하다. 이곳에서는 추석과 정월에 축제가 열리는데, 정월에 열리는 '드래곤 댄스 페스티벌'이 특히 유명하다.

밴쿠버 시내는 물론 주변의 스탠리 공원과 퀸 엘리자베스 공원 등 아름다운 자연을 두루 둘러보아야 하지만, 밴쿠버까지 온 김에 빅토

캐나다
밴쿠버

리아Victoria 섬을 놓칠 수는 없었다. 밴쿠버 섬의 남동쪽에 위치한 빅토리아 섬까지는 카페리로 약 두 시간이 걸린다. 이곳은 1868년에 영국 이주민에 의해 개척되었기 때문에, 캐나다에서 가장 영국적인 분위기와 전통을 간직하고 있다.

영국의 정취가 물씬 풍기는 아름다운 섬

태평양 바다에 비친 빅토리아 섬은 매우 귀족적이면서도 우아한 품격을 지니고 있다. 19세기에 영국이 인위적으로 개발한 계획도시이기 때문에, 북아메리카의 어느 도시보다도 제국 시대 영국의 정취가 물씬 풍긴다. 여기저기에 잘 가꾸어진 정원과 공원이 있고, 빅토리아의 상징인 브리티시 컬럼비아 주州 의사당, 엠프레스 호텔 같은 고풍스러운 건물, 빨간색의 2층 버스 등은 영국의 영향을 강하게 받았음을 여실히 보여 준다.

　빅토리아의 중심은 해안가에 있는 이너 하버inner harbour 지역으로,

관광 명소인 엠프레스 호텔과 로열 브리티시 컬럼비아 박물관, 주 의사당 등이 모두 이 주변에 모여 있다. 엠프레스 호텔은 1908년에 완성한 빅토리아 최고最古의 호텔로, 건물 전체가 담쟁이덩굴로 덮여 있는데, 밤이면 수많은 조명이 환상적인 분위기를 만들어 낸다. 특히 로비의 카페에서는 19세기 영국인들이 그러했듯, 지금도 '애프터눈 티'를 즐길 수 있다. 오후에 한가롭게 앉아 차 한 잔을 마시는 운치가 남다르게 느껴진다.

빅토리아 사람들은 꽃을 심고 정원을 가꾸는 일에 대단한 자부심을 갖고 있다. 세계에서 가장 아름다운 정원 가운데 하나인 '부처트 가든'이 이곳에 있는 것은 어찌 보면 당연한 일이다. 토드 만에 위치한 이 정원은 원래 석회석 채석장이었는데, 돌을 채취하여 황폐해진 이곳을 1900년대 초에 부처트 부부가 정원으로 만들었다고 한다. 그리하여 부처트 가든은 오늘날 빅토리아뿐만 아니라 전 세계 사람들의 찬사를 받는 환상적인 정원이 되었다.

좁은 바닷가 거리를 따라 희귀한 토산품과 조각품을 파는 인디언들이 자리 잡고 있고, 영국적인 도시답게 킬트를 입은 노신사가 백파

담쟁이덩굴로 덮인 엠프레스 호텔

이프를 연주하고 있었다. 차가운 바닷바람과 더불어 캐나다의 상징
인 메이플 시럽을 탄 따뜻한 영국 차 한 잔을 마시며 이너 하버 길을
거닐었다. '이곳이 바로 에덴동산' 이라는 빅토리아 사람들의 자랑
섞인 말이 가슴 깊이 이해되는 순간이었다.

빅토리아 항구에서는 인디언들이 토산품과 조각품들을 팔고 있다.

세계 최고의 아름다운 정원으로 꼽히는 부처트 가든

'밴쿠버'라는 도시 이름의 유래가 된 조지 밴쿠버

밴쿠버라는 이름을 남긴 사람은 조지 밴쿠버 선장이다. 1757년 6월 22일, 영국의 노포크(Norfolk) 주에서 태어난 밴쿠버는 열세 살 때 해군에 입대하여, 캡틴쿡이 수행한 2차 항해(1772~1775)와 3차 항해(1776~1780)에 참가해 해상 경력을 쌓기 시작하였다.

18세기 말, 캐나다 북서부 지역에 대해서 스페인과 영국이 서로 점유권을 주장하며 맞서다 1790년에 누트카 해협 약정(Nootka Sound Convention)을 체결하였다.

누트카 해협 사태를 겪은 영국 해군성은 누트카 해협에 대한 점유권을 확립하기 위하여 배 2척을 파견하여 체계적으로 탐사하기로 결정하였다. 이 탐사대의 지휘관으로 임명된 사람이 밴쿠버 선장이다. 1791년 4월 1일, 팔머스(Falmouth)에서 출항한 밴쿠버 선장은 희망봉을 경유하여 호주까지 항해한 뒤, 호주 남서 해안과 뉴질랜드 해안을 탐사하였다. 그 탐사를 마치고 타히티와 하와이에 잠시 기항한 뒤 북아메리카로 항해 1792년 4월 17일, 북아메리카의 북위 39 27′인 지점에 도착하였다.

밴쿠버는 이곳에서부터 해안을 따라 북상하면서 지도를 작성하고, 허드슨 만으로 통하는 항로를 탐색하다가 밴쿠버 입구를 가로막고 있는 큰 섬에 도달하였다. 이 섬이 바로 뒤에 밴쿠버의 이름이 붙여진 밴쿠버 섬이다. 이로써 밴쿠버 선장은 항해가로서는 그다지 유명한 사람이 아니었지만, 밴쿠버 항에 자신의 이름을 남김으로써 사람들의 입에 자주 오르내리게 된 것이다.

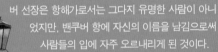

북미 인디언들의 예술 작품,
토템 폴

북미 인디언들의 종교적 상징물이자 예술 작품이
라 할 수 있는 토템 폴은 캐나다 브리티시 컬럼비아 주
서부 해안과 알래스카의 남부지방 해안에서 많이 발견된다.
토템 폴이 언제부터 만들어졌는지는 정확하지 않지만, 현재 남아 있는 것은 대
부분 19세기경에 제작된 것이다. 토템 폴은 다양한 형상을 조각한 목각상을
포개 올리고 꼭대기에 토템 상을 올려놓은 형태이다. 색깔과 디자인이 무척 화
려한데 반인반수 형상 위에 천둥새가 있거나 위쪽은 물총새, 아래쪽은 범고래
나 범이나 비버 등이 있다.
토템 폴은 부족이나 씨족을 상징하는 상징물, 잘 알려진 전설, 역사적 사건이
나 인물 등에 대한 내용을 담고 있다. 심지어 사람들의 놀림감이 되거나 경각
심을 불러일으켰던 부정적인 대상을 기념하기 위한 것도 있다. 토템 폴은 관
속에 넣는 부장품으로 만들어진 것도 있고, 순수한 예술 작품으로 세워진 것도
있다. 이 토템 폴들은 밴쿠버의 브리티시 컬럼비아 대학에 있는 인류학 박물관
에 가장 많은 수가 보관되어 있다.

캐나다와 국경을 마주하고 있는 **시애틀**은 미국 서북부 지역에서 가장 규모가 큰 도시로 꼽히고 있다. 그리고 〈시애틀의 잠 못 이루는 밤〉 같은 로맨스 영화의 무대가 될 정도로 빼어난 풍광을 자랑하는가 하면 보잉 사, 마이크로소프트 사, 아마존닷컴 등 쟁쟁한 21세기 첨단 사업장이 한자리에 모여 있는 **첨단 산업의 도시**이기도 하다. 시애틀에 '에메랄드 도시'라는 별명이 붙은 이유도 경제적 안정과 아름다운 도시 풍경이 한데 어우러져 있기 때문일 것이다. 시애틀은 문화·예술과 첨단 산업이 조화를 이루고, 스타벅스의 은은한 커피 향으로 수많은 관광객을 유혹하고 있다.

미국
시애틀 Seattle

낭만과 첨단 기술이 어우러진 도시

미국 서북부 워싱턴 주의 중심 도시 시애틀은 미국에서 가장 살기 좋은 도시로 손꼽힌다. 4392미터에 이르는 레이니어 산과 2000여 개의 호수로 둘러싸인 아름다운 자연, 매연을 뿜어내는 공장이라곤 찾아볼 수 없는 쾌적한 환경, 수준 높은 교육 여건과 풍부한 문화 활동 공간 등 현대 도시가 필요로 하는 모든 조건을 골고루 갖추었기 때문이다. 거기다가 재즈와 록 음악의 아름다운 선율과 스타벅스의 은은한 커피 향, 마이크로소프트 사의 첨단 기술까지 어우러져 있으니, 시애틀의 시민들이 지적이고 진보적이면서도 열린 가슴을 지니게 된 것이 당연한 일인지도 모른다.

시애틀은 겨우 150년 정도의 역사를 지닌 것으로 알려져 있다. 하기야 미국 역사가 200년 남짓밖에 되지 않았으니, 150년이라 해도 그리 짧은 역사라 하기는 어려울 듯하다. 1851년에 목재 집산지로 출발한 시애틀은, 1880년대 알래스카에서 금광이 발견되면서 각광받기 시작했다. 알래스카로 향하는 노동자와 자본가의 발길이 끊이

미국
시애틀

레이니어 산

237

지 않으면서, 그 길목에 있던 시애틀 역시 풍부한 노동력과 자본을 바탕으로 빠른 성장을 거듭했다.

미국 도시 대부분이 그렇듯, 원래 시애틀의 주인도 인디언이었다. '시애틀'이라는 명칭 역시 바로 이 고장에 살았던 스쿼미시Suquamish 인디언 부족의 추장 이름에서 따온 것이라 한다. 시애틀 추장은 땅을 빼앗고 잔혹한 학살을 저지르는 백인들을 증오하고 무조건 저항하기보다 그들과 함께하는 지혜를 터득한 지도자였다. 그는 인디언의 사고방식과 철학을 미국인들에게 뿌리 깊이 심어 주었다. 그 덕분에 지금도 워싱턴 주뿐만 아니라 미국 전역에서 널리 존경받는 인디언 지도자로 남아 있다.

시애틀의 출발지, 파이크 플레이스 마켓

미니 지구촌 생활박물관, 파이크 플레이스 마켓

시애틀에 1년 하고도 2개월을 머물렀지만 사실 이곳에 오기 전까지만 해도 시애틀에 대해 아는 것이라곤 거의 없었다. 스타벅스 커피의 본산지라던가, 마이크로소프트 사, 전 세계 항공 산업을 이끄는 보잉 사, 세계적인 목재 · 제지 회사 웨어하우저 사, 미국 최대 규모의 대형 할인 매장 코스트코 홀세일, 인터넷 서점인 아마존닷컴 등이 바로 시애틀을 근거지로 세계로 뻗어 나갔다는 것도, 시애틀이 뉴욕 다음으로 예술이 발달한 문화 도시라는 사실도 모두 이곳에 와서야 비로소 알았다.

시애틀의 삶을 압축적으로 느끼는 데는 아무래도 파이크 플레이스 마켓만 한 곳도 없을 듯하다. 1970년에 문을 연 이곳은 미국에서도 가장 오래된 '살아 있는 전통 명물 시장'으로 독특한 의미를 지닌다. 100여 년을 지탱해 온 낡은 건물 안에서는 한자리에 터를 잡고 대를 이어 한 가지 품목만을 취급하는 상인을 쉽게 만날 수 있다. 역사가 짧다는 한계를 이런 전통으로 뛰어넘는 것만 같았다. 물론 여기에서 우리가 기대하는 독특한 미국 문화나 전통적인 인디언의 삶을 보여 주는 흔적을 찾아보기란 어렵다. 그러나 좁은 도로 양 옆으로 수백 개의 상점이 다양한 상품을 선보이고 있으니 무엇 하나 부족한 느낌은 들지 않는다.

100명이 넘는 농부, 150여 명의 장인, 300명에 이르는 상인, 50명 정도의 거리 행상들이 이곳을 터전으로 삶을 꾸려 간다. 인디언 토속 상품에서부터 유리와 목공예, 신선한 우유와 꿀, 태평양 연안에서 막 잡아 올린 연어와 바닷가재, 아시아에서 건너온 전통 예술품, 남미 분위기가 물씬 풍기는 가면과 장신구들에 이르기까지 너무나도 다양한 상품을 팔고 있어, 마치 '미니 지구촌 생활 박물관'에 온 듯한 느낌이다. 미국이라는 나라가 전 세계에서 몰려든 이주민들의 공동체니 이런 느낌이 드는 것은 어쩌면 당연한 일이리라. 게다가 여러 나라의 관광객들이 더해지면서 파이크 플레이스 마켓은 언제나 작은 지구촌을 이루고 있다.

그렇다고 이곳이 단순히 물건만 파는 장소는 아니다. 300미터 남짓한 거리에서는 쉴 새 없이 공연이 펼쳐진다. 베토벤으로 분장한 피

아니스트는 이라크 파병에 반대한다는 팻말을 세워 두고 연주에 몰두하고 있고, 스코틀랜드 배낭 여행객은 전통 악기를 불며 여행 경비를 마련하고 있다. 아름다운 선율을 뒤로하고 걷다 보면, 생선 가게와 꽃 시장이 즐비하게 늘어선 파이크 플레이스 마켓의 끝부분이자 시작점에 다다른다.

사진을 찍겠다고 모여든 사람들 사이로 청동으로 만들어진 금빛 돼지가 눈에 띄었다. 이 시장의 '비공식' 심벌인 셈이다. 부를 상징하는 거대한 돼지 저금통에는 자잘한 동전에서 지폐까지 다양하다. 돼지의 뱃속을 가득 채운 이 돈은 어려운 이웃을 돕는 데 쓰인다고 한다. 철저히 개인적인 사람들만 모인 곳이라 여겼던 미국 사회에도 따스한 인정이 존재하고 있었던 것이다.

미국의 이라크 침공 반대 시위 장면

1971년에 시애틀에 처음 문을 연 스타벅스 1호점을 지나 해변을 따라 조금만 내려가면 파이어니어 광장Pioneer Square 이 나타난다. 이곳은 시애틀 시내 중심부에서 가장 오래된 역사 지구로, 여기서부터 시애틀이 성장해 나갔다. 너도나도 알래스카로 금을 찾으러 떠났던 골드러시 시절, 시애틀은 산업의 중심지로 이름을 날렸다. 그러나 그것도 잠시, 번성하던 도시는 1889년 대화재로 폐허가 되어 버렸다. 그리고 그나마 남아 있던 옛 도시의 흔적은 지하 3미터 아래로 묻혀 버렸는데, 그 배경은 이렇다.

원래 시애틀 일대는 지대가 낮아 상습적으로 침수되던 곳이다. 게다가 하루 두 차례씩 밀려드는 밀물 때문에 화장실의 오수까지 역류할 정도였으니, 사람들의 불편은 이만저만이 아니었다. 때마침(?) 발생한 화재로 이 일대가 쑥대밭이 되자, 시에서는 재개발 사업을 추진하기 시작했고, 동시에 주민 숙원 사업인 하수도 문제도 도마 위에 오르게 되었다. 결론은 도로와 건물을 원래보다 3미터가량 높게 지어 여러 가지 귀찮은 문제를 해결하자는 것이었다. 그 결과 과거의 파이어니어 광장은 지하로 숨어 버렸고, 그렇게 모두의 기억에서 잊혀져 갔다. 하지만 합리성과 경제성을 따지는 미국인들은 이곳을 그냥 버려두지 않았다. 1965년에 '언더그라운드 투어'를 관광 상품으로 개발해 옛도시의 역사를 되돌아보는 기회도 마련하고 관광 수입도 올렸던 것이다.

광장 한구석에는 시애틀 추장의 흉상이 서 있고, 인디언들의 수호신인 토템 폴 역시 18미터 높이로 솟아 있다. 게다가 광장 한 블록 옆에는 1914년 완공된 스미스 빌딩이 하늘을 찌르고 있다. 이 빌딩은 건설될 당시만 해도 미시시피 서부 지역에서 가장 높은 빌딩으로 유명했다. 지금이야 이보다 더 높은 빌딩이 여기저기에 흩어져 있어 한때 가장 높은 빌딩이었다는 사실조차 기억하는 이가 없을 듯하다. 그러나 여전히 튼튼한 구조물임을 알리기라도 하듯 스미스 빌딩은 그 옛날의 엘리베이터로 사람들을 실어 나르고 있다.

1971년에 처음 문을 연 스타벅스 1호점

문화와 예술, 애환의 도시

파이어니어 광장 주변에는 세계적인 수준의 공연 예술이 펼쳐지는 문화 공간이 마련되어 있다. 극장, 오페라 하우스, 박물관, 갤러리, 전시장, 골동품 가게, 서점들이 즐비한 거리에서는 스타를 꿈꾸는 젊은이들이 시간과 장소를 가리지 않고 마음껏 기량을 뽐내고 있다. 게다가 시애틀은 시에서 운영하는 심포니 오케스트라와 발레단, 오페라단을 보유한 미국 6대 도시 중 하나로 잘 알려져 있다.

시애틀 심포니 오케스트라의 연주 수준은 이미 세계적인 명성을 얻었고, 매년 5~6월에 열리는 시애틀 국제 영화제도 수많은 인파가 몰려드는 대규모 행사로 자리 잡았다. 예술을 사랑하는 시애틀 시민들의 성향을 뒷받침이라도 하듯이 시내 중심부에만 190여 개의 갤러리와 열네 개의 박물관이 있고, 극장 수는 미국에서 세 번째로 많다고 한다.

천재 뮤지션 커트 코베인Kurt Cobain, 1967~1994이 전설적인 록 밴드 너바나Nirvana를 결성해 리드 싱어로서 활약했던 곳도, 홍콩 출신의 영

평화와 집회의 장소 시애틀 광장

화배우 이소룡Bruce Lee, 1940~1994이 활동했던 무대도 바로 이곳이다. 그밖에도 재즈 가수 어니스틴 앤더슨Ernestine Anderson, 1928~, 무용가 마크 모리스Mark Morris, 1956~도 시애틀이 배출한 스타 가운데 하나다.

파이어니어 광장에서 바다가 보이는 쪽으로 내려오면 엘리엇 만이 시작된다. 여기에서부터 태평양이 펼쳐지는데, 아시아 대륙이 태평양에 면해 있어서인지 유난히 아시아 사람들이 많이 눈에 띈다. 주로 상업과 무역, 최첨단 산업이 발달한 시애틀은 우수한 인재들이 많이 모이기로 유명하다. 하지만 아무리 뛰어난 인재라 하더라도 이 땅에서 유색 인종이 자리 잡기란 만만치 않은 일이다. 차별과 무수한 시행착오를 각오하고 아메리칸 드림을 이루기 위해 건너왔지만 정착에 성공한 유색 인종은 그리 많지 않다.

애달프게 살아가는 사람들은 태평양이 건너다보이는 이곳에서 가족과 고향에 대한 아련한 추억을 떠올리며 눈물짓곤 했을 것이다. 그러고는 광장 한가운데에 서 있는 토템 폴을 올려다보며 간절히 소원을 빌었을 게다. 모든 응어리를 끌어안고 미소로 응답하는 토템 폴만이 그들의 사연을 알고 있으리라.

미국
시애틀

세계적인 명문, 워싱턴 대학교

시애틀 시내에서 북쪽으로 10분 정도만 가면 미국 서북부 최고의 명문인 워싱턴 대학교가 자리하고 있다. 1989년 이래 노벨상 수상자만 6명을 배출한 명문 중의 명문이다. 강의하는 교수만 3500명, 학생 4만 3000명이라는 엄청난 규모 때문에 이러한 명성을 얻은 것은 아니겠지만, 특히 의대와 법대는 세계적인 수준을 자랑하고 있다.

최근 새로 문을 연 물리 대학 건물은 메리 게이츠 홀Mary Gates Hall 이라 이름 지어졌다고 한다. 물론 이는 시애틀이 마이크로소프트 사의 창업자인 빌 게이츠Bill Gates, 1955- 를 배출한 도시이기 때문이다. 하지만 교사이자 워싱턴 대학교의 평의원으로 활동했던 그의 어머니 메리를 기리기 위한 뜻이 더 큰 듯하다. 이것 말고도 도시 곳곳에서 빌 게이츠 가문이 벌인 자선 사업의 흔적들을 쉽게 찾을 수 있다. 최선을 다해 열심히 돈을 번 다음, 이를 사회에 환원하는 '미국 부자'의 전형으로 빌 게이츠가 꼽히는 이유가 무엇인지 느낄 수 있다.

시애틀은 대학 이상의 고등 교육을 받은 사람의 비율이 미국 내에서 가장 높고, 가정용 인터넷 보급률도 단연 1위를 달린다. 마이크로소프트 사의 기적을 일구어 내고, 노벨상 수상자를 연이어 배출할 수 있었던 학문적 풍토가 결코 우연이 아님을 여실히 드러내고 있다.

주말이면 일본 야구 스타 스즈키 이치로1973~가 활약하는 시애틀 매리너스 팀의 야구 경기는 물론, NBA 농구의 시애틀 수퍼소닉스, 미식축구의 시애틀 시호크스의 경기를 보면서 시애틀 홈 팀 관중들은 열광한다. 게다가 진보 성향의 시애틀은 전통적으로 민주당의 텃밭이다. 시민들도 '나'와 '너'가 다름을 받아들이는 열린 마음과, 세계의 흐름을 앞서 읽어 가는 높은 지적 수준을 자랑하고 있다. 항상 깨어 있는 의식을 지닌 시애틀 사람들이 오늘도 잠 못 이루는 진짜 이유를 이제야 알 것 같다.

미국 서북부 최고의 명문인 워싱턴 대학교

마이크로소프트 사의 창시자,
빌 게이츠

빌 게이츠는 폴 앨런과 함께 세계적인 기업 마이크로소프트 사를 설립하였다. 그는 미국 워싱턴 주 시애틀에서 태어나 어렸을 때부터 컴퓨터 프로그램을 만드는 것을 좋아하였다. 하버드 대학교에 입학하였으나 중퇴하고 폴 앨런과 함께 마이크로소프트를 공동으로 창업했다.

1970년대 중반에 폴 앨런과 함께 앨테어 베이직(Altair Basic) 인터프리터를 고안했는데 이것은 최초로 상업적 성공을 거둔 개인용 컴퓨터로 평가된다. 다트머스 대학교에서 학습용으로 개발된 배우기 쉬운 컴퓨터 프로그래밍 언어 베이직에서 영감을 얻어, 폴 앨런과 함께 새로운 베이직(BASIC) 버전을 개발하여 MS-DOS의 핵심적 프로그램 언어로 채택했다.

1990년 초 이래로 개인용 컴퓨터의 급속한 발전과 분포는 MS-DOS의 지위를 공고히 함으로써 마이크로소프트 사는 컴퓨터 시장의 주도권을 획득하게 되었다. 빌 게이츠는 엄청난 돈과 명예로 자선 사업도 하는 등 사회 공헌을 하고 있다. 그는 2008년 1월 24일에는 스위스 다보스 세계경제포럼 기조 연설에서 기업에게 복지의 의무를 주장하는 창조적 자본주의를 주창하였다. 그는 2008년 6월 27일에 공식적으로 마이크로소프트 사에서 퇴임하였다.

금을 향해 몰려드는 사람들의 물결, 골드 러시

골드 러시는 새로 발견된 금 매장지로 한몫 보려는
사람들이 갑자기 몰려드는 것을 가리키는 용어인데
1550년경의 보헤미아, 1850년대의 오스트레일리아, 1880
년대의 로디지아, 19세기 후반의 시베리아 등 여러 지역에서 일어났지만 주로
미국 캘리포니아 주(州)에서 일어난 것을 말한다.

1848년, 새크라멘토에 가까운 아메리칸 강(江)의 지류 강바닥에서 금이 발견
되고, 그 주변에서 많은 금이 나오자, 이곳으로 많은 미국인이 본업을 팽개치
고 모여들었다. 이 소문이 퍼지자, 1849년에는 미국뿐만 아니라 유럽·중남미
·하와이·중국 등지에서 약 10만 명의 사람들이 캘리포니아 주로 이주해 왔다.
이때 캘리포니아로 온 사람들을 '포티 나이너스(forty-niners)'라고 했는데,
1848년부터 1858년까지에 약 5억 5,000만 달러에 이르는 금을 채굴하였다.
1850년 9월에는 캘리포니아가 정식으로 미국의 한 주가 되었는데, 이처럼 단
기간에 인구가 늘어서 주(州)로 승인된 예는 미국 역사상 드문 일이다.

이희수 교수의 세계 도시 견문록 : 문화도시

마음이 머무는 도시, 그 매혹의 이야기

초판 1쇄 발행 2009년 3월 13일

지은이 이희수
책임편집 한해숙
디자인 (주)디자인하늘소

펴낸곳 바다출판사
펴낸이 김인호
편집인 정구철
주소 서울시 마포구 서교동 403-21 서홍빌딩 4층
전화 322-3885(편집부), 322-3575(마케팅부)
팩스 322-3858
E-mail badabooks@gmail.com
출판등록일 1996년 5월 8일
등록번호 제10-1288호

ISBN 978-89-5561-481-7 03900
       978-89-5561-479-4(세트)